AF496411

CODE
DES
ENFANS NATURELS.

CODE
DES
ENFANS NATURELS,
OU
RECUEIL COMPLET
Des Lois qui fixent leur état et leurs droits;

Précédé d'un Traité analytique des mêmes Lois :

Et suivi de Formules d'actes de reconnaissance;

Par P. A. Garrez, Avocat, ci-devant avoué-défenseur au Tribunal de Cassation.

A PARIS,
Chez GARNERY, Libraire, rue de Seine.

AN XII.—1803.

AVERTISSEMENT.

Après dix ans d'attente, la législation sur l'état et les droits des enfans naturels vient enfin d'être fixée par le Code civil.

Pour faire connaître les droits et les devoirs respectifs des enfans naturels et de leurs père et mère, d'après les différens modes déterminés, j'ai réuni dans ce volume toutes les lois relatives à cette classe de citoyens, et j'ai tâché de les expliquer à l'aide des motifs exposés par les orateurs du Gouvernement.

TABLE

Des Titres, Chapitres, Sections, Paragraphes et Numéros de ce Traité, ET DU TEXTE DES LOIS Y RELATIVES.

De l'État et des Droits des Enfans naturels page 11.

Textes des Lois.

Fin de la table des titres.

TRAITÉ
DE L'ÉTAT ET DES DROITS DES ENFANS NATURELS.

Les enfans naturels sont ceux qui sont nés hors d'un légitime mariage.

Il y en a de quatre sortes :

1°. Ceux nés de personnes qui les légitiment par mariage ;

2°. Ceux nés de personnes qui ont pu ou qui peuvent les légitimer aussi par mariage ;

3°. Les enfans adultérins, qui sont ceux dont les père et mère ou l'un d'eux étaient engagés dans le mariage avec d'autres, à l'instant où l'enfant a été conçu.

4°. Et les enfans incestueux, qui sont ceux dont le père et la mère étaient parens ou alliés à un degré auquel le mariage est prohibé.

En général les enfans naturels ne sont d'aucune famille et n'ont point de parens.

A Athènes, ils étaient regardés comme

étrangers, et, à ce titre, exclus de tous droits civils et politiques.

A Rome, si l'enfant naturel avait pour concurrent un citoyen issu d'une union légale, la loi voulait que la préférence fût accordée à celui-ci.

Dans les autres pays, les enfans naturels furent presque toujours placés au-dessous des enfans légitimes.

En France, sur-tout, les enfans naturels eurent jusqu'à la révolution, un sort rigoureux.

Dans les contrées où la servitude personnelle était établie, ils étaient traités comme serfs et main-mortables. Il ne leur fut permis d'abord que d'épouser des personnes de leur condition, et leur succession était dévolue au fisc. Ensuite, lorsqu'on eut fait la distinction de leur origine, ceux nés de personnes non mariées furent admis à succéder seulement à leur mère : quant aux enfans adultérins et incestueux, ils furent exclus de toutes successions.

Les dispositions des pères au profit des enfans naturels furent interdites dans plusieurs coutumes et tolérées dans d'autres.

Au surplus la jurisprudence des tribunaux obligeait les père et mère à donner aux enfans naturels les soins et les secours qu'exigeait leur première enfance, et le père sur-tout à fournir des alimens dans un âge plus avancé. On les considérait comme des créanciers domestiques, comme les innocentes productions des fautes d'autrui.

Depuis la révolution, la législation est devenue plus favorable à ces infortunés.

Une loi du 4 juin 1793 a ordonné qu'ils succéderaient à leur père et mère dans la forme qui serait déterminée : une autre loi du 12 brumaire an 2, en déterminant le mode de succéder pour le passé, a presqu'élevé au rang d'enfans légitimes les enfans nés hors mariage de personnes libres : à l'égard des enfans adultérins et incestueux, comme le vice de leur naissance les plaçait dans un rang inférieur, on s'est borné à leur accorder des alimens. Tel fut le sort des enfans naturels dans l'intervalle des deux lois.

L'enthousiasme qu'ils avaient su inspirer à la convention nationale, était tel qu'elle avait fait remonter leurs droits de successibilité jusqu'en 1789, sous prétexte que les principes de liberté et d'égalité proclamés à cette époque comportaient les mesures législatives décrétées depuis ; mais bientôt ces dispositions retroactives furent abolies.

L'état et les droits des enfans naturels postérieurement à la loi du 12 brumaire an 2, sont réglés par le code civil décrété en l'an 11.

Ce code, qui est en même tems une loi pour l'avenir, distingue les différentes classes d'enfans naturels.

Ceux nés de personnes libres peuvent être légitimés par mariage. Alors leur état et leurs droits deviennent les mêmes que ceux des enfans légitimes.

Ceux que les père et mère n'ont pas légitimés par mariage, peuvent être en quelque sorte aggrégés aux familles par une reconnaissance authentique qui leur confère *sous le titre de créance, une participation à la succession*, et qui les habilite même à succéder à défaut d'héritiers légitimes. La recherche de la paternité est interdite : celle de la maternité n'est admise que lorsqu'il existe déjà un commencement de preuve par écrit.

Les enfans adultérins et incestueux ne peuvent pas être reconnus, parce que la reconnaissance dévoilerait un crime; mais lorsque leur filiation est manifestée, ils ont droit à des alimens.

Du reste les enfans naturels participent aux droits et devoirs ordinaires des citoyens. Ainsi ils sont soumis à la puissance paternelle : à défaut de père et mère ils sont dans le cas de la tutelle et de l'émancipation : ils ont des formalités à remplir pour leur mariage qui peut les rendre chefs de famille : leur réclamation d'état est si favorable qu'elle est imprescriptible.

La loi du 12 brumaire an 2 avait établi une successibilité réciproque entre les enfans naturels et les parens de leurs père et mère, mais le code civil a restreint ce droit extraordinaire.

Enfin le code a déterminé la manière de succéder aux enfans naturels, soit qu'ils aient ou n'aient point de postérité.

Cet ouvrage sera divisé en douze titres qui traiteront,

Le 1.er, de la légitimation des enfans naturels ;

Le second, de l'état et des droits des enfans nés hors mariage qui ont pu ou qui peuvent être légitimés ;

Le troisième, de l'état et des droits des enfans adultérins ;

Le quatrième, de l'état et des droits des enfans incestueux ;

Le cinquième, de l'état et des droits des enfans nés hors mariage, de personnes séparées d'habitation.

Le sixième, de la puissance paternelle sur les enfans naturels;

Le septième, de la tutelle, de l'émancipation des enfans naturels, et de leurs dispositions en minorité.

Le huitième, du mariage des enfans naturels.

Le neuvième, de la successibilité réciproque entre les enfans naturels et les parens de leurs père et mère.

Le dixième, des successions des enfans naturels,

Le onzième, de la retroactivité abolie des droits de successibilité des enfans naturels;

Et le douzième, des actions relatives à l'état et aux droits des enfans naturels.

Ces titres seront suivis du texte des lois dont ils contiennent l'explication.

TITRE PREMIER.

De la légitimation des enfans naturels.

La loi, en s'occupant des enfans naturels, a distingué ceux qui, étant nés de père et mère libres, peuvent être élevés au rang d'enfans légitimes lorsque le père et mère s'unissent par les liens du mariage.

L'ordre public est intéressé à ce que l'homme et la femme qui vivent dans le désordre aient un moyen d'éviter l'un ou l'autre de ces deux écueils : celui de se séparer par dégoût, ou celui de continuer un commerce illicite. La loi leur offre dans une union respectable des avantages assez précieux pour les porter à la contracter.

Au nombre de ces avantages, l'homme aura celui de procurer à l'enfant pour qui la nature doit lui avoir inspiré des sentimens de tendresse, toutes les prérogatives que donne dans la société la qualité d'enfant légitime : c'est même de sa part un devoir que sa conscience doit sans cesse lui rappeler.

Cette légitimation sera pour la femme le plus heureux moyen de réparer sa faute, de recouvrer son honneur, de se rendre digne des titres honorables d'épouse et de mère.

Les enfans nés d'un père et d'une mère qui deviennent ensuite époux légitimes, ne sauraient être plus favorables que quand ils invoquent les effets d'une union qui a des rapports si intimes avec leur naissance antérieure.

Aussi le code civil déclare-t-il, liv. Ier, art. 325, que les enfans nés hors mariage de personnes libres, pourront être légitimés par le mariage subséquent de leurs père et mère.

L'art. 326 ajoute que la légitimation peut avoir lieu, même en faveur des enfans décédés qui ont laissé des descendans; et que, dans ce cas, elle profite à ces descendans.

Mais il est, pour le repos des familles, une condition exigée, art. 325, des père et mère: ils doivent reconnaître avant le mariage, ou dans l'acte de sa célébration, les enfans qu'ils ont à légitimer.

Ceux qui regrettent que la reconnaissance postérieure à la célébration n'ait pas le même effet, pensent que la légitimation est une suite du mariage, et ils craignent que la pudeur ou l'intérêt de ne pas aliéner le cœur de parens austères, n'ait empêché les époux de faire à tems les actes de reconnaissance.

La règle suivant laquelle le mariage

légitimait de plein droit, avait été admise dans le système où la recherche de la paternité n'était pas interdite. Alors l'enfant conservait toujours le droit de prouver contre ses père et mère l'origine de sa naissance; il n'avait pas besoin d'être reconnu. Mais lorsqu'il n'y a de paternité constante que par la reconnaissance même du père, il est indispensable que l'enfant soit d'abord avoué, pour être ensuite légitimé.

La légitimation n'est point un effet nécessaire du mariage : elle n'est qu'un bénéfice de la loi. Autrefois même, dans plusieurs pays, elle devait être rendue solennelle par des cérémonies publiques au moment de la célébration. Dans d'autres, on ne l'a point adoptée ; elle y a été considérée comme favorisant le concubinage.

Dans le code civil, si elle est regardée comme utile à l'ordre public, ce n'est qu'avec des précautions dictées par l'expérience.

Les enfans nés hors mariage n'ont point en leur faveur de présomption légale de leur naissance ; ils n'ont qu'un témoignage : il doit être donné dans un temps non suspect. La loi ne peut laisser à des époux la faculté de s'attribuer des enfans par leur consentement mutuel. Les familles ne doivent pas être dans une continuelle incertitude.

La pudeur ou la crainte par lesquelles on suppose que les père et mère ont pû être enchaînés avant le mariage et à l'époque de sa célébration, ne sont pas des motifs d'admettre une reconnaissance tardive.

La loi ne peut faire entrer en considération une fausse pudeur et des vues d'intérêt : il est au contraire dans ses principes que rien ne peut dispenser d'obéir à sa conscience, et de remplir les devoirs de la nature.

Cette légitimation s'étend aux descendans des enfans naturels décédés. L'équité a prescrit cette mesure. La légitimation du père aurait eu sur le sort et sur la fortune de ses enfans une telle influence qu'elle ne saurait être regardée comme un bienfait qui lui soit personnel. C'est un chef de famille que la loi a voulu créer : si ce chef n'existe plus, ses descendans doivent être admis à le représenter.

Une déclaration du 26 novembre 1639 avait déclaré incapables de toute succession les enfans nés de femmes que les pères avaient entretenues et qu'ils avaient épousées à l'extrémité de la vie.

Cette disposition qui ne fut d'abord appliquée qu'aux pères, fut ensuite étendue aux femmes par un édit de 1697, et l'incapacité de succéder fut rendue commune aux enfans même qui naitraient après ces mariages, et à leur postérité.

Aucune loi semblable n'avait encore été rendue. Elle fut déterminée par quelques arrêts dont les plus anciens sont de peu d'années antérieurs à la déclaration de 1639. Elle dérogeait au droit commun qui donnait alors au mariage la force de légitimer les enfans. Elle a toujours trouvé de nombreux contradicteurs. L'expérience d'un siècle et demi prouve que la société n'en a pas retiré des avantages réels, et il a pù en résulter des inconvéniens très-graves.

Et d'abord n'y avait-il pas contradiction à permettre le mariage à quelqu'époque de la vie que ce fût, à priver ce mariage d'un effet aussi important que celui de la légitimation des enfans qui pouvaient en naître, ou qui seraient nés antérieurement ?

Ce contrat exige des formalités et des cérémonies extérieures qui donnent la certitude que les époux y ont consenti avec réflexion et avec persévérance

Comment supposer qu'ils aient été capables de réflexion pour leur mariage, et qu'ils aient été incapables de faire avec discernement la reconnaissance d'enfans qu'ils auraient eus antérieurement ?

Le mariage, dans son institution et dans sa fin, est tout en faveur des enfans. Quelle serait donc cette espèce de mariage incompatible avec leur légitimité ?

On a senti que dans la loi de 1639 il y avait une inconséquence, en ce que le mariage contracté à l'extrémité de la vie était suffisant pour légitimer les enfans nés postérieurement ; tandis que ce mariage était déclaré insuffisant pour légitimer des enfans dont la naissance serait antérieure. On a, dans la loi de 1697, fait cesser cette contradiction par une disposition plus étrange encore : on a enveloppé dans la même proscription les enfans nés depuis un mariage légitime, comme ceux nés antérieurement.

Si l'on peut citer quelques exemples de reconnaissances suggérées, combien d'autres dictées par la conscience auront été étouffées? la seule crainte de la fraude ne doit point être un motif pour interdire des actes commandés par la justice.

On a craint que le concubinage ne fût encouragé, si les femmes qui se livrent à ce désordre pouvaient se marier à l'époque où l'homme près du tombeau ne serait plus arrêté par aucune considération.

L'expérience a prouvé que les recherches sur le concubinage d'une femme devenue épouse légitime, n'ont présenté que des scènes scandaleuses, sans utilité pour les mœurs : l'honnêteté publique ne peut pas permettre que, pour sacrifier des enfans, on commence par déshonorer la mère. Son mariage ne serait pas annullé; elle serait décorée du titre de femme; sa conduite antérieure serait couverte de ce voile respectable; et cette conduite ne pourrait plus être opposée qu'à ceux qui n'en sont pas coupables.

Les mariages à l'extrémité de la vie sont très-rares; ce qui prouve qu'il n'est point dans le cœur de l'homme, sur-tout lorsqu'il a des enfans, d'attendre ses derniers momens pour assurer leur sort.

Le respect dû aux mœurs, la justice à rendre aux enfans, le désespoir d'un homme qui, surpris par les maux avant-coureurs de la mort, ne pourrait plus réparer ses torts; le malheur d'une femme qui le plus souvent a été séduite par des promesses trop long-tems retardées tous ces motifs ont fait rejeter, dans le code civil, la législation sur l'effet des mariages contractés à l'extrémité de la vie.

Une autre espèce de légitimation avait lieu dans l'ancien régime. Elle se faisait par l'autorité du prince; elle n'attribuait point tous les droits de la légitimité. Le principal objet de cette prérogative royale était de faire cesser, pour ceux qui obtenaient cette faveur, l'incapacité de remplir des dignités et des emplois. Cette incapacité a été regardée comme une proscription inutile et même nuisible à l'ordre social. Depuis long-temps le préjugé qui tenait les enfans naturels dans l'avilissement a été détruit par la raison et par l'humanité. Cette espèce de légitimation n'a donc point reparu dans le code civil.

La légitimation des enfans naturels par le mariage subséquent de leurs père et mère,

mère, les place sur la même ligne que les enfans légitimes. Ainsi le Code civil, tit. 1, art. 327, déclare-t-il qu'ils auront les mêmes droits que s'ils étaient nés de ce mariage.

TITRE DEUXIÈME.

De l'état et des droits des enfans nés hors mariage (de personnes libres) et non légitimés.

Nous allons traiter : 1.° des différentes classes de ces enfans naturels, 2.° de la reconnaissance faite en leur faveur, 3.° et des droits résultans de la reconnaissance.

CHAPITRE PREMIER.

Des différentes classes de ces enfans naturels.

On peut les diviser en quatre classes,

1.° Ceux dont les père et mère ont vécu publiquement ensemble comme mariés, quoiqu'ils ne le fussent point.

2.° Ceux nés d'un mariage qui est déclaré nul pour avoir été contracté de mauvaise foi de la part des deux époux.

3.° Ceux rejetés comme nés avant six mois de mariage.

4.° Et ceux rejetés comme nés dix mois après la dissolution du mariage.

PREMIÈRE CLASSE.

Les enfans dont les pères et mère ont trompé la foi publique en se disant faussement unis par les liens du mariage, ne doivent pas toujours être vus favorablement.

Si les père et mère peuvent réparer leur faute par un mariage subséquent, l'intérêt des mœurs n'aura pas moins été blessé par un désordre révoltant.

On n'admet plus les mariages présumés. Il faut un titre écrit, attesté par des témoins et par l'officier public que la loi désigne. La preuve testimoniale et les autres manières de preuves ne sont reçues que dans le cas de perte des registres de l'état civil. Aucune possession ne saurait dispenser de représenter le titre; car la possession ne désigne pas plus un mariage légitime qu'un commerce criminel. (Code civil, liv. 1, art. 188, 189).

Si donc les époux prétendus ne représentent point d'acte de mariage, ils devront être considérés comme vivant en concubinage, et leurs enfans seront regardés comme les fruits honteux de leur inconduite.

Après la mort des père et mère le sort des enfans sera le même, s'il est constant qu'il n'y ait point eu de mariage, ou si l'acte de naissance et la possession d'état ne désignent pas ces enfans comme légitimes. (art. 191).

Il peut arriver cependant que ces enfans soient traités comme s'ils étaient nés en légitime mariage. Distinguons les tems. Autre chose est de juger des preuves d'un mariage pendant la vie des époux, autre chose est d'en juger après leur mort et relativement à l'intérêt des enfans.

Pendant la vie d'un époux, la représentation du titre est nécessaire. Des conjoints ne peuvent raisonnablement ignorer le lieu où ils ont contracté l'acte le plus important de leur vie et les circonstances qui ont accompagné cet acte.

Mais après leur mort, tout change.

Des enfans, souvent délaissés dès leur premier âge par les auteurs de leurs jours, ou transportés dans des contrées éloignées, ne connaissent et ne peuvent connaître ce qui s'est passé avant leur naissance. S'ils n'ont point reçu de documens, si les papiers domestiques manquent, quelle sera leur ressource? La jurisprudence ne les condamne point au désespoir. Ils sont admis à prouver que les auteurs de leurs jours vivaient comme époux, et qu'ils avaient la possession de leur état. Il suffit même pour les enfans que cette possession de leurs père et mère soit énoncée dans leur acte de naissance : cet acte est leur titre. C'est dans le moment de cet acte que la patrie les a marqués du sceau de ses promesses; c'est sous la foi de cet acte qu'ils ont toujours existé dans le monde; c'est avec cet acte qu'ils peuvent se produire et se faire reconnaître; c'est cet acte qui constate leur nom, leur origine, leur famille; c'est cet acte qui leur donne une cité et qui les met sous la protection des lois de leur pays. Qu'ont-ils besoin de remonter à des époques qui leur sont presqu'étrangères? pouvaient ils pourvoir à leur intérêt, quand il n'existait point encore? leur destinée n'est-elle pas fixée par l'acte inscrit dans des registres que la loi elle-même a établis pour constater l'état des citoyens? enfin ne doivent-ils pas jouir de leur état apparent tant qu'il n'est pas contesté?

2e. CLASSE.

Les enfans nés d'un mariage déclaré

nul par la faute commune des époux, peuvent-ils être réputés enfans naturels ?

Quoique régulièrement le seul mariage valable puisse faire de véritables époux et produire des enfans légitimes, cependant par un effet de la faveur des enfans, et par la considération de la bonne foi des époux, il a été reçu par équité, que s'il y avait quelqu'empêchement caché qui rendît ensuite le mariage nul, les époux, s'ils avaient ignoré cet empêchement, et les enfans nés de leur union, conserveraient toujours le nom et les prérogatives d'époux et d'enfans légitimes, parce que les uns se sont mis, et les autres sont nés sous le voile et l'apparence du mariage.

De là cette maxime commune, que le mariage cru légitime, a le même effet pour assurer l'état des époux et des enfans qu'un mariage véritablement légitime: maxime originairement introduite par le droit canonique, depuis long-tems adoptée dans nos mœurs, et aujourd'hui consacré par le Code civil. (art. 195).

Quand un seul des conjoints est dans la bonne foi, ce conjoint seul peut réclamer les effets civils du mariage. Quel ques anciens jurisconsultes avaient pensé que, dans ce cas, les enfans devaient être légitimes par rapport à l'un des conjoints, et illégitimes par rapport à l'autre. Mais on a rejeté (art. 196) leur opinion, sur le fondement que l'état des hommes est indivisible, et que, dans le concours, il fallait se décider entièrement pour la légitimité.

3e. CLASSE.

L'enfant né avant six mois de mariage peut être enfant déclaré naturel.

La naissance de l'homme est précédée du tems où il se forme dans le sein de sa mère. Ce tems est ordinairement de neuf mois. On voit des exemples assez fréquens de ce que ce terme est avancé. Mais il est très-rare qu'un enfant soit né avant six mois de grossesse, ou 180 jours depuis la conception.

Les naissances avancées ont été la matière de procès célèbres. Il a toujours été reconnu que la phisiologie n'a aucun moyen de découvrir la vérité relativement à l'enfant qui est l'objet de la contestation : ces débats scandaleux ne portaient que sur des recherches non moin scandaleuses d'exemples que de part et d'autre on alléguait souvent sans preuves. Les juges ne pouvaient recevoir aucune lumière sur le fait particulier, et chaque tribunal se formait un système différent sur l'extension ou sur la limitation qu'il devait admettre dans le cours ordinaire de la nature. La jurisprudence n'avait aucune uniformité par le motif même qu'elle ne pouvait être qu'arbitraire.

Il fallait sortir d'un pareil état : ce n'était point une vérité absolue que les rédacteurs du Code civil avaient à découvrir; il leur suffisait de donner aux juges une règle qui fixât leur incertitude, et ils devaient prendre cette règle dans la marche tellement uniforme de la nature, qu'à peine peut-on lui opposer quelques exceptions qui ne feraient que la confirmer : ce sont les motifs qui ont déterminé à fixer le terme des naissances avancées à 180 jours.

Il n'en résulte pas que l'enfant qui serait né avant les 180 jours doive être par cela même déclaré non légitime. Il faudra que la présomption résultante d'une naissance trop avancée se trouve confirmée, lorsque le mari existe, par une présomption qui paraîtra plus forte encore à quiconque observe le cœur humain. Il faudra que l'enfant soit désavoué par le mari. Comment croire qu'il étouffe tous les sentimens de la nature, comment croire qu'il allume dans sa maison les torches de la discorde, et qu'au dehors il se dévoue à l'humiliation, s'il n'est pas dans la conviction intime que l'enfant n'est point né de son mariage.

La loi ne se borne pas à sonder le cœur et à calculer les intérêts du mari; elle se met en garde contre les passions qui pourraient l'aveugler; elle n'admet point le désaveu qui ne se trouve pas d'accord avec sa conduite antérieure. S'il avait toujours cru que l'enfant lui fût étranger, aucun acte ne démentirait une opinion qui, depuis la naissance de cet enfant, a dû déchirer son âme. S'il a varié dans cette opinion, il n'est plus recevable à refuser à l'enfant l'état qu'il ne lui a pas toujours contesté.

Ainsi, lorsque l'enfant est né avant le 180e. jour (six mois) depuis le mariage, la loi présume qu'il n'a point été conçu pendant cette union; mais le mari ne pourra désavouer l'enfant, si avant de se marier, il a eu connaissance de la grossesse. On présume alors qu'il n'a contracté le mariage que pour réparer sa faute personnelle; on présume que pareil hymen n'eût jamais été consenti, s'il n'eut été persuadé que la femme portait dans son sein le fruit de leurs amours : et lorsqu'il a eu dans la conduite de cette femme une telle confiance qu'il a voulu que leur destinée fût unie, comment pourrait-on l'admettre à démentir un pareil témoignage?

Le mari ne pourra encore désavouer l'enfant né avant le 180e. jour du mariage, s'il a assisté à l'acte de naissance, et si cet acte est signé de lui, ou contient sa déclaration qu'il ne sait signer. Comment en effet pourrait-il revenir contre sa propre déclaration, donnée dans l'acte même destiné à constater l'état civil de l'enfant?

Il est une troisième circonstance dans laquelle le mari n'est point admissible au désaveu, c'est lorsque l'enfant n'a pas été déclaré viable.

Il faut, à cet égard que les gens de l'art prononcent.

L'enfant vivait dans le sein de sa mère

Cette existence peut se prolonger pendant un nombre de jours indéterminé, sans qu'il soit possible qu'il la conserve; et c'est cette possibilité de parcourir la la carrière ordinaire de la vie, qu'on entend par l'expression d'être *viable*.

Lorsque l'enfant n'est pas déclaré viable, la présomption contre la femme n'est plus la même. Il n'y a plus de certitude que ce soit un accouchement naturel qui ait dû être précédé du tems ordinaire de la grossesse. Toute recherche serait scandaleuse et sans objet.

Quel but le mari pourrait-il se proposer en désavouant un enfant qui ne doit pas vivre, si ce n'est de porter atteinte à la réputation de la femme à laquelle il s'est uni? Il ne peut même pas avoir l'intérêt du divorce pour cause d'adultère, puisqu'il suppose que la faute est antérieure à son mariage. Les tribunaux ne doivent pas l'écouter dans son aveugle ressentiment. (Art. 308).

QUATRIÈME ET DERNIÈRE CLASSE.

Enfin l'enfant né 300 jours après la dissolution du mariage peut être déclaré enfant naturel.

On croit plutôt à la faiblesse humaine qu'à l'interversion de l'ordre naturel. Si la grossesse dure ordinairement neuf mois, il y a des exemples de ce que ce terme est retardé ; mais il est rare qu'un enfant soit resté dans le sein de sa mère plus de dix mois ou 300 jours.

Les naissances tardives ont été, comme les naissances avancées, l'objet de procès célèbres. On s'est fondé sur des circonstances, sur des conjectures, et le résultat n'a fait qu'accroître les incertitudes.

Le Code civil donne aux juges une règle prise dans la marche uniforme de la nature ; c'est de fixer le terme des naissances tardives à 300 jours.

Dans l'application de cette règle, il ne faudra pas repousser l'enfant par le motif isolé qu'il serait né depuis les 300 jours. Il faudra que la présomption résultante d'une naissance trop tardive se trouve confirmée de la part du mari, lorsqu'il existe, par un désaveu invariable.

Néanmoins cette présomption ne sera décisive contre l'enfant qu'autant qu'elle ne sera pas affaiblie par d'autres circonstances. Nous voulons parler du mode de désaveu, qui est le même pour les naissances tardives que pour les naissances avancées.

La loi, en donnant au mari un droit de désaveu que la justice et la raison ne permettaient pas de lui refuser, a en même tems repoussé toute attaque qui aurait été précédée d'actes incompatibles. C'est encore en consultant le cœur humain qu'elle a regardé comme ne devant plus être admise une pareille action judiciaire qui n'aurait pas été intentée dans les plus courts délais.

Le sentiment naturel du mari qui a des motifs suffisans pour désavouer un enfant qu'il croit lui être étranger, est de le rejeter de la famille : son devoir, l'outrage qu'il a reçu, tout doit le porter à faire sur le champ éclater sa plainte. S'il diffère, il s'entend appeler du nom de père, et son silence équivaut à un aveu formel en faveur de l'enfant : la qualité de père que l'on a consenti une fois de porter est irrévocable.

Il nous reste à parler de la forme du désaveu ouvert au mari dans les cas de naissances avancées et de naissances tardives.

Le mari devra réclamer dans le mois, s'il se trouve sur les lieux de la naissance de l'enfant ; dans les deux mois après son retour, si, à la même époque, il est absent, et dans les deux mois après la découverte de la fraude, si on lui avait caché la naissance. (Art. 310).

Cependant, si le mari meurt avant d'avoir fait sa déclaration, et lorsque le délai pour la faire n'était pas encore expiré, l'action qu'il pouvait intenter est au nombre des droits que la loi transmet à ses héritiers. On a considéré que le plus souvent les enfans dont la légitimité peut être contestée, ne sont produits dans la famille qu'après la mort du mari qui aurait eu tous les moyens de les repousser. D'ailleurs le mari qui meurt dans le court délai que lui donne la loi pour réclamer, a le plus souvent été dans l'impuissance d'avoir d'autres soins que ceux de prolonger ses derniers instans. On eut exposé les familles à être injustement dépouillées, si l'on eut rejeté leur action contre l'enfant que le mari eut pu désavouer.

Mais, en même tems la loi a voulu que l'état de cet enfant ne restât pas incertain, et elle ne donne aux héritiers pour contester sa légitimité que deux mois à compter, soit de l'époque où l'enfant se serait mis en possession des biens du mari, soit de l'époque où les héritiers seraient troublés par l'enfant dans cette possession. (Art. 311).

On a même prévu que le mari ou ses héritiers pourraient chercher à prolonger ces délais, en se bornant à un acte extrajudiciaire, contenant le désaveu. *Et* le Code déclare, art. 312, que cet acte ne sera d'aucune considération, s'il n'est suivi, dans le délai d'un mois, d'une action en justice, dirigée contre le tuteur nommé à l'enfant, en présence de sa mère.

CHAPITRE II.

De la reconnaissance des enfans naturels.

Les enfans naturels qui ne peuvent aspirer aux droits des enfans légitimes, sont des victimes innocentes de la faute de leurs auteurs.

L'ordre social a exigé que des prérogatives fussent accordées aux enfans nés de mariages légitimes. La nécessité de maintenir la barrière qui les sépare, a été reconnue par tous les peuples : mais la dignité du mariage n'exige point que les enfans naturels soient étrangers à ceux dont ils tiennent la naissance. La loi serait à la fois impuissante et barbare qui voudrait étouffer le cri de la nature entre ceux qui donnent et ceux qui reçoivent l'existence.

Les pères et mères ont envers leurs enfans naturels des devoirs d'autant plus grands, qu'ils ont à se reprocher leur infortune. La loi a seulement été obligée de poser des bornes au-delà desquelles l'institution du mariage serait compromise.

Lorsqu'il s'est agi de fixer le sort des enfans naturels, rien n'était plus difficile que de conserver un juste équilibre entre les droits qu'ils tiennent de leur naissance, et les mesures qu'exigeait la nécessité de maintenir l'organisation des familles. Il semble que ce soit un écueil contre lequel les anciens législateurs ont échoué; ils ont trop exigé pour l'ordre social, ou ils l'ont trop négligé.

Dans l'ancien régime on donnait aux enfans naturels qui n'étaient point reconnus par leurs pères, trop de facilité à inquiéter des familles auxquelles ils étaient étrangers; et, sous le rapport de la fortune, ils étaient traités avec une rigueur excessive.

Pendant la révolution, la loi ancienne a été reformée en ce quelle admettait des recherches odieuses sur la paternité ; mais on s'est laissé entraîner par des sentimens de bienfaisance : on leur a donné des droits qui les assimilaient sous un trop grand nombre de rapports aux enfans légitimes.

On a cherché, dans le Code civil, à réparer ces erreurs, et à poser enfin de justes limites, entre lesquelles ni les droits de la nature ni ceux de la société ne seront violés.

On a d'abord établi des règles pour reconnaître le lien qui unit les enfans narels aux auteurs de leurs jours ; ensuite on a déterminé la part qu'ils auront dans les biens de leurs père et mère, et la qualité dans laquelle ils pourront réclamer cette part.

Depuis long-tems, dans l'ancien régime, un cri général s'était élevé contre les recherches de paternité. Elle exposaient les tribunaux aux débats les plus scandaleux, à des jugemens arbitraires et à une jurisprudence variable. L'homme dont la conduite était la plus pure, celui même dont les cheveux avaient blanchi dans l'exercice de toutes les vertus, n'étaient point à l'abri de l'attaque d'une femme impudente ou d'enfans qui lui étaient étrangers. Ce genre de calomnie laissait toujours des traces affligeantes. En un mot les recherches de paternité étaient regardées comme le fléau de la société.

Une loi très-favorable aux enfans naturels fut rendue le 12 brumaire an 2, cependant elle crut devoir faire cesser l'abus des procès dont les enfans voudraient encore tourmenter les familles sans motifs plausibles.

Il fut réglé, art. 8, pour le passé, que la preuve de leurs possession d'état ne pourrait résulter que de la représentation d'écrits publics ou privés du père et de la mère, ou de la suite des soins donnés à titre de paternité et de maternité, et sans interruption, à leur entretien et à leur éducation.

Quant à l'avenir, il fut statué, art. 10, 11 et 12, que l'état et les droits des enfans naturels dont les père et mère seraient encore existans lors de la promulgation du Code civil, seraient en tous points réglés par les dispositions du Code; que néanmoins en cas de mort de la mère avant la promulgation du Code, la reconnaissance du père faite devant un officier public suffirait pour constater à l'égard du père l'état de l'enfant naturel et le rendre habile à lui succéder, et qu'il en serait de même dans le cas où la mère serait absente, ou se trouverait dans l'impossibilité absolue de confirmer par son aveu la reconnaissance du père.

A l'époque de cette loi une partie du Code civil était préparée et l'on se disposait à la promulguer d'un jour à l'autre. On y avait établi que la loi n'admet point la recherche de la paternité non avouée, et que la preuve de la reconnaissance du père ne peut résulter que de sa déclaration faite devant un officier public.

Dans le nouveau Code, cette sage disposition qui interdit les recherches de la paternité a été maintenue. La paternité ne pourra jamais être établie entre le père que par sa reconnaissance authentique.

La règle exclusive de la recherche de la paternité ne s'applique point à la mère. Il ne s'agit point à son égard de pénétrer les mystères de la nature. Son accouchement et l'identité de l'enfant sont des faits positifs et qui peuvent être constatés par titres et par témoins. La recherche de la maternité est donc admise lorsqu'il y a commencement de preuve par écrit.

La déclaration de la mère sur la paternité ne peut pas devenir un titre pour inquiéter celui qu'elle aurait désigné.

Par réciprocité, celui qui se reconnaîtrait pour père ne pourrait donner des droits contre la femme qu'il indiquerait.

Lorsque la reconnaissance n'est pas faite en commun par les père et mère, le père n'est point obligé de nommer la mère, et celle-ci peut s'abstenir de faire connaître le père.

Il est un cas dans lequel un enfant naturel ne pourrait se prévaloir de la reconnaissance; c'est celui où elle aurait été donnée par l'un des époux au profit d'un enfant naturel qu'il aurait eu, avant son mariage, d'un autre que de son époux. Une pareille reconnaissance ne pourra nuire ni à l'autre époux ni aux enfans nés de ce mariage : il ne peut pas dépendre de l'un des époux de changer, après son mariage, le sort de sa famille légitime, en appelant des enfans naturels qui demanderaient une part dans les biens : ce serait violer la foi sous laquelle le mariage aurait été contracté.

Une dernière précaution prise par le Code civil, est que toute reconnaissance de la part du père ou de la mère, de même que toute réclamation de la part de l'enfant pourra être contestée par tous ceux qui y auront intérêt.

Ainsi, à dater de la loi du 4 juin 1793, qui a habilité les enfans naturels à prendre part aux successions de leurs père et mère, ils n'ont pu avoir droit à ces successions que lorsque leur filiation avait été reconnue en conformité des lois.

Le mode de reconnaissance a varié et doit être distingué : 1°. dans l'intervalle de la loi du 4 juin 1793, à celle du 12 brumaire an 2 ; 2°. dans l'intervalle de cette dernière loi aux titres du Code civil, de la filiation et des successions, décrété les 2 et 29 germinal an 11 ; 3° et depuis la promulgation des même titre du Code.

SECTION 1re. *Intervalle de la loi du 4 juin 1792 à celle du 12 brumaire an 2.*

L'état des enfans naturels aurait du être déterminé par la loi du 4 juin 1793 qui les habilitait à succéder à leur père et mère. Il ne l'a été que par celle du 12 brumaire an 2, qui sur ce point était simplement déclarative.

L'article 8 de cette dernière loi porte que les enfans naturels ne pourront être admis aux successions de leurs père et mère ouvertes jusqu'alors, qu'en prouvant leur possession d'état. Il ajoute, comme on la vu, que cette preuve ne pourra résulter que de la représentation d'écrits publics ou privés des père et mère, ou de la suite des soins donnés à titre de paternité et de maternité et sans interruption, tant à leur entretien qu'à leur éducation.

Cette preuve de filiation, une fois établie, tenait lieu de reconnaissance.

Il n'était point nécessaire que l'enfant rapportât un acte de naissance dans lequel les père et mère seraient dénommés, parce que la naissance d'un pareil enfant accusant ses auteurs d'une faute contraire aux bienséances, on cherchait ordinairement à entourer cette faute des ombres du mystère.

Il n'était pas nécessaire non plus, et par la même raison, que les prétendus père ou mère eussent publiquement avoué l'enfant comme leur, en le faisant élever dans la maison en cette qualité; mais l'attachement que comporte la conscience de la paternité et de la maternité, se décèle par une multitude de circonstances qui, sans avoir le caractère de la publicité, n'en sont p s moins probantes; telles sont les lettres écrites dans le secret de la confiance par le père à la mère, par la mère au père, et par tous les deux à l'enfant lui-même, lorsque ce titre portent l'empreinte de cet intérêt que la nature a placé dans le cœur des père et mère, qu'il existe d'ailleurs des soins continus pour l'éducation animale et morale de l'enfant.

La preuve testimoniale ne pouvait être admise que dans le cas où les écrits des père et mère n'auraient pas formé une preuve suffisante. Il aurait été dangereux de l'admettre lorsqu'il n'existait pas déjà un commencement de preuve par écrit : car il aurait pu en résulter qu'un étranger, à la faveur de quelques témoins corrompus, aurait envahi tout ou partie d'une succession au préjudice des véritables héritiers.

SECTION DEUXIÈME. *Intervalle de la loi du 16 brum. an 2, au Code civil de l'an 11.*

L'état des enfans naturels, dans cet intervalle, a été renvoyé au Code civil par les art. Ier. et 10 de la loi du 12 brumaire.

On a prévu en même tems le cas où les successions des père ou mère s'ouvriraient avant l'édition du Code civil, et la même loi a réglé, art. 11 et 12, qu'en cas de mort de la mère avant la publication du Code, la reconnaissance du père faite devant un officier public, suffirait pour constater à l'égard du père l'état de l'enfant naturel et le rendre habile à lui succéder, et qu'il en serait de même dans le cas où la mère serait absente ou dans l'impossibilité absolue de confirmer par son aveu la reconnaissance du père.

Ce mode de reconnaissance n'était que provisoire; il était susceptible d'être rectifié par le Code civil.

Le Code civil, ainsi qu'on le verra ci-après, a maintenu la reconnaissance comme absolument nécessaire pour acquérir à l'enfant naturel des droits sur la succession du père qui l'a reconnu; et il la fait valider sans le concours de la mère, sans même qu'il soit nécessaire d'indiquer la mère.

La loi transitoire du 12 brumaire n'a point prescrit de reconnaissance de la part de la mère; elle s'est référée simplement à cet égard au Code civil, qui permet de suppléer à la reconnaissance par la recherche de maternité.

Le Code civil est donc devenu le régulateur de l'état et des droits des enfans naturels dans l'intervalle qui nous occupe. Les doutes élevés sur ce point ont été dissipés par l'art. 1er. de la loi du 14 floréal an 11, ainsi conçu : « l'état et les droits des enfans nés hors mariage dont les pères et mères sont morts depuis la promulgation de la loi du 12 brumaire an 2 jusqu'à la promulgation des titres du Code civil, sur la paternité et la filiation et sur les successions, seront réglés de la manière prescrite par ces titres ».

Ainsi il faut appliquer à l'intervalle qui nous occupe, ce qui va être dit sur la reconnaissance, et sur les jugemens équipollens à reconnaissance.

SECTION TROISIÈME. *Mode de reconnaissance depuis le Code civil.*

Nous allons traiter séparément :

1o. De la reconnaissance du père ;

2o. De la reconaissance de la mère et des moyens d'y suppléer ;

3o. De la reconnaissance faite par un époux ;

4o. Des contestations auxquelles la reconnaissance peut donner lieu.

§. Ier. *De la reconnaissance du père.*

La reconnaissance du père est un acte émané

émané de sa volonté. Il est le maître de la faire ou de la refuser.

La reconnaissance peut être faite par l'acte de naissance de l'enfant naturel. Alors elle fixe son état. (Liv. 1. Art. 328).

Lorsque la reconnaissance n'a pas été faite par un l'acte de naissance, elle peut l'être par acte authentique, qui sera inscrit sur les registres de l'état civil à sa date, et dont il sera fait mention en marge de l'acte de naissance. (Art 62, 328).

La reconnaissance peut être faite par un acte commun des père et mère.

Elle peut l'être par acte particulier du père, sans le concours de la mère.

La reconnaissance du père, sans l'indication et l'aveu de la mère, n'a d'effet qu'à l'égard du père. (Art. 330).

La reconnaissance du père ne peut être suppléée par la déclaration de la mère sur la paternité : car il ne peut être lié que par son propre fait.

Quand la reconnaissance du père serait désavouée par la mère, elle ne laisserait pas que de valider à l'égard du père. A la vérité, la mère doit avoir, plus encore que celui qui se reconnait pour le père, le secret de la paternité. Mais il est possible que la mère, soit par haine contre le père qui s'est reconnu, soit par d'autres considérations, désavoue cette reconnaissance : on a trouvé qu'il serait trop dur que le cri de la conscience et de la nature de la part du père, fût étouffé par un seul témoignage qui pourrait même être suspect.

Il faut encore observer qu'il serait contraire aux mœurs que la reconnaissance du père ne pût être faite sans indiquer la mère, à fin qu'elle avoue ou désavoue. Il pourrait même arriver qu'elle mourût avant d'avoir fait sa déclaration. Le père doit donc avoir le droit de reconnaître l'enfant sans indiquer la mère ; et puisqu'il n'a pas besoin de son concours, c'est un motif de plus pour que le désaveu de la mère indiquée ne puisse nuire à l'enfant.

La recherche de la paternité est interdite. (art 334).

Cette règle ne souffre qu'une seule exception : c'est le cas d'enlèvement dont l'époque se rapporte à celle de la conception. Alors le ravisseur pourra, sur la demande des personnes intéressées, être déclaré père de l'enfant. Dans ce cas le délit du ravisseur, et la forte présomption qu'il est l'auteur de la grossesse de la femme, lorsque l'enlèvement se rapporte à l'époque de la conception, sont des motifs suffisans pour qu'il puisse, s'il n'a point de moyens de défense valable être déclaré père de l'enfant. On se portera moins facilement à ce genre de crime, et l'on en subira la peine la plus naturelle, si l'on peut appeler ainsi l'accomplissement des devoirs d'un père. *(id.)*

§. 2e. *De la reconnaissance de la mère, (et des moyens d'y suppléer.)*

La reconnaissance de la mère est comme celle du père un acte purement volontaire.

Elle peut être faite par l'acte de naissance de l'enfant naturel, où la mère pourrait se faire représenter (art. 328).

Elle peut être faite par acte authentique, qui sera inscrit sur les registres de l'état civil à sa date; et dont il serait fait mention en marge de l'acte de naissance. (art. 62. 328).

La mère peut faire la reconnaissance avec le père, ou sans lui.

La reconnaissance isolée de la mère n'a d'effet qu'à son égard, et ne peut devenir un titre contre celui qu'elle aurait désigné pour père.

La reconnaissance de la mère peut omettre l'indication du père.

La reconnaissance de la mère ne peut être suppléée par l'indication isolée du père.

La recherche de la maternité est admise (art. 335) ; mais l'on doit prendre des précautions contre le genre de preuves qui pourrait être employé.

Si la crainte des vexations et de la diffamation a fait rejeter la recherche de la paternité, ce serait pour les femmes un malheur encore plus grand, si leur honneur pouvait être compromis par quelques témoins complaisans ou subornés.

On ne présume point qu'un enfant ait été mis au monde sans qu'il y ait par écrit quelques traces soit de l'accouchement soit des soins donnés à cet enfan[illegible] Il est donc à la fois de justice part[illegible] et d'honnêteté publique de n'admettre l'enfant à prouver qu'il est indentiquement le même que celui dont la mère qu'il reclame est accouchée, que dans le cas où il y a déja un commencement de preuve par écrit (*id*).

§. 3e. *De la reconnaissance faite par un époux.*

Le Code civil prévoit, art. 331,

cas de la reconnaissance faite pendant le mariage par l'un des époux, au profit d'un enfant naturel qu'il aurait eu avant son mariage d'un autre que de son époux.

Une pareille reconnaissance ne peut nuire ni à l'époux de l'individu dont elle émane, ni aux enfans du mariage.

La raison est qu'il n'est pas au pouvoir d'un époux de changer le sort de sa famille légitime, en habilitant des enfans naturels à réclamer une portion du patrimoine de l'autre époux survivant et des enfans légitimes.

Si l'ordre public ne permet pas que des époux reconnaissent, après leur mariage, leurs propres enfans qu'il voudraient légitimer, à plus forte raison les enfans naturels, qui sont étrangers à l'un d'eux, ne peuvent-ils acquérir depuis le mariage, des droits contraires à ceux des enfans légitimes.

Au surplus la reconnaissance dont il s'agit est subordonnée à l'événement de la dissolution du mariage.

S'il y a un époux survivant ou des enfans légitimes, la reconnaissance sera comme non avenue à leur égard, puisqu'elle ne pourra pas entamer leurs droits.

Si au contraire il n'y a ni époux survivant

ni enfans légitimes, il n'y aura point alors de motif pour que la reconnaissance ne reçoive pas son exécution, comme elle l'aurait eue, si l'auteur fût resté dans le célibat. (*id*).

L'article précité veut même que la reconnaissance produise son effet après la dissolution du mariage, s'il ne reste point d'enfans, sans toutes fois qu'elle puisse préjudicier à l'époux survivant, s'il y en a.

§. 4e. *et dernier. Des contestations auxquelles la reconnaissance pourra donner lieu.*

« Toute reconnaissance de la part du » père ou de la mère, de même que toute » réclamation de la part de l'enfant na- » turel, pourra être contestée par tous » ceux qui y auront intérêt ». Ainsi s'exprime l'art. 333 du liv. I. du Code civil.

Les enfans légitimes sont sous l'égide du mariage. Leur état civil n'est pas susceptible d'être attaqué dans les cas où peut l'être une simple reconnaissance d'enfans naturels. Nul ne peut, par son seul témoignage, être utile à l'un, en faisant une injustice à l'autre.

Ceux qui ont intérêt à contester le titre et la réclamation de l'enfant naturel, sont les héritiers légitimes du défunt, l'époux survivant, le légataires et tous autres auxquels l'immixtion de l'enfant naturel dans la succession, pourrait faire éprouver un préjudice quelconque.

La reconnaissance du défunt est le vrai titre de l'enfant naturel, puisqu'il lui attribue une part dans la succession.

Ce titre est présumé valable jusqu'à preuve contraire, car le défunt qui l'a souscrit, est censé avoir eu la conviction de sa paternité et avoir voulu sincèrement faire jouir l'enfant naturel du bénéfice des lois rendues en faveur des enfans naturels reconnus.

Néanmoins ce titre peut être vicieux, et voici un aperçu des moyens qui pourraient le faire anéantir.

1.o Si la reconnaissance a été faite par acte sous seing privé, elle sera nulle, parce que le Code civil exige, liv 1, art. 328, qu'elle soit faite par acte authentique.

2.o Si la reconnaissance est authentique, elle ne pourra valider que lorsqu'elle sera postérieure à la loi du 12 brumaire an 2, qui l'avait exigée pour acquérir des droits à l'enfant, et lorsqu'elle aura été inscrite à sa date sur les registres de l'état civil, et qu'il en aura été fait mention en marge de l'acte de naissance (Art. 49, 62).

3o. Si la reconnaissance ne concorde pas avec l'acte de naissance sur l'identité d'individu, elle ne pourra pas plus valider : car l'acte de naissance fait foi jusqu'à inscription de faux de tout ce qui y est contenu ; il fixe l'état de l'enfant et exclut toute énonciation contraire. (Art. 45).

Néanmoins si, dans l'acte de naissance, l'enfant est désigné comme né de père et mère inconnus, la reconnaissance validera, parce qu'il en résultera que son auteur se fait connaître, ce qui ne contredit point l'acte de naissance lors duquel il était inconnu.

Et s'il est prouvé qu'il y a eu erreur dans la rédaction de l'acte de naissance, la rectification pourra en être ordonnée par jugement, sans préjudice des droits des parties intéressées. (Art. 54, 99, et suiv.).

4o. S'il est prouvé qu'à l'époque de la conception de l'enfant, l'individu qui a souscrit la reconnaissance était, par éloignement ou par accident, dans l'impossibilité physique de cohabiter avec la mère connue, la reconnaissance ne pourra valider parce qu'elle supposera un fait de paternité évidemment faux.

5.° Si l'acte de reconnaissance est le fruit du dol ou de l'erreur, il y aura lieu à l'annuler.

6.° Si cet acte n'était pas souscrit par le défunt, il ne serait pas censé être son ouvrage, et l'on ne pourrait s'en prévaloir contre sa succession.

7.° Si la reconnaissance a été faite pendant le mariage par l'un des époux au profit d'un enfant qu'il aurait eu avant son mariage d'un autre que de son époux, elle sera sans effet à l'égard de ce dernier, ainsi qu'envers les enfans du mariage. (Art. 331.)

8.° Si l'enfant naturel reconnu, est adultérin ou incestueux, la reconnaissance sera radicalement nulle comme étant prohibée en ces cas. (Art. 329, 336.)

9.° Si l'on se prévalait d'un jugement de déclaration de paternité rendu dans le cas d'enlèvement de la mère (334), ce jugement équivaudrait à une reconnaissance du père. Mais si les héritiers s'y trouvent lésés, ils pourront l'attaquer par tierce opposition ou par appel.

10.° Si l'enfant, non reconnu par la mère, vient à rechercher la maternité, il sera tenu de prouver qu'il est le même que l'enfant dont elle est accouchée; mais il ne sera reçu à faire cette preuve par témoins que lorsqu'il aura déjà un commencement de preuve par écrit. (Art. 335.)

11o. Si l'enfant naturel avait renoncé expressément au bénéfice des reconnaissance ou jugement qui l'habilitaient à prendre part à la succession, il serait non recevable dans l'exercice ultérieur de son droit.

12.o Enfin toute réclamation est interdite à l'enfant naturel, lorsqu'il a reçu du vivant de ses pères et mère la moitié de son droit légal, avec déclaration expresse de la part de ses père et mère, que leur intention est de le réduire à la portion qu'ils lui ont assignée. Mais dans le cas où cette portion serait inférieure à la moitié du droit, il pourra réclamer le supplément nécessaire pour parfaire cette moitié. (Liv. 3, art. 51.)

CHAPITRE III.

Des droits des enfans naturels reconnus.

Si la nature réclame, pour les enfans nés hors mariage de personnes libres, une portion du patrimoine paternel, l'ordre social s'oppose à ce qu'ils le reçoivent dans les mêmes proportions et au même titre que les enfans légitimes.

Il faut en convenir, on ne s'est jamais tenu dans une juste mesure envers les enfans naturels. Un préjugé barbare les flétrissait, même avant leur naissance; et pendant que ces infortunés étaient punis pour la faute de leurs père et mère, les vrais, les seuls coupables, tranquilles et satisfaits, n'éprouvaient ni trouble dans leur jouissance, ni altération dans leur considération personnelle.

Ce renversement de tous les principes ne devait pas subsister; et si notre législation n'est pas encore parvenue à imprimer au vice toute la flétrissure qu'il mérite, du moins elle a effacé la tache du front de l'innocent. Elle a dû aussi mettre un terme à une espèce de réaction qui tendait à couvrir les enfans naturels d'une faveur qui ne leur est pas due.

L'enfant naturel reconnu étant placé au-dessous de l'enfant légitime, la loi lui interdit la réclamation des droits d'enfant légitime. (Liv. 1, art. 332.).

Il n'est point héritier, mais la loi lui accorde des droits sur les biens des père et mère qui l'ont reconnu. (Liv. 2, art. 46.)

Ces droits ne s'ouvrent qu'au décès des père et mère. (art. 47, 48.)

En attendant, l'enfant naturel peut obtenir des alimens des père et mère qui l'ont reconnu; mais il n'a point d'action contr'eux pour un établissement par mariage ni autrement. (Liv. 1, art. 198 et suiv.)

La législation ayant varié sur la quotité et le titre de ces droits, il est nécessaire, pour les déterminer précisément, de se fixer: 1°. sur l'intervalle écoulé entre la loi du 4 juin 1793, et celle du 12 brumaire an 2; 2°. sur l'intervalle de cette dernière loi, au Code civil; 3°. et sur le tems postérieur au Code.

SECTION Ire. *Droits des enfans naturels dans l'intervalle de la loi du 4 juin 1793 à celle du 12 brumaire an 2.*

La loi du 4 juin 1793 a déclaré que les enfans naturels succéderaient à leurs père et mère dans la forme qui serait déterminée.

Pendant la durée de l'indétermination, des successions se sont ouvertes. Les enfans naturels ont été admis aux unes, exclus des autres, et n'ont pu empêcher les aliénations, les dispositions que les héritiers légitimes jugeaient à propos de faire.

Enfin les droits de successibilité ont été déterminés par la loi du 12 brumaire an 2.

L'article 2 a déclaré que ces droits étaient les mêmes que ceux des autres enfans.

Par-là les enfans naturels ont été assimilés aux enfans légitimes : c'était sans doute trop faire pour eux : mais aussi cet avantage a été limité à l'intervalle de quatre mois écoulé entre les deux lois.

Lors donc que la possession d'état a été constatée, les enfans naturels ont dû participer comme les enfans légitimes aux successions paternelle et maternelle ouvertes dans le même intervalle.

Mais comme les choses n'étaient pas toujours restées entières, il a fallu prescrire la manière dont les droits de successibilité seraient exercés.

D'abord, les enfans naturels ont été astreints par l'art. 3 de la même loi, à ne point déranger de leur chef les partages déja faits et à prendre leur portion sur les lots existans.

2.e Si le père ou la mère de l'enfant naturel avait transmis les biens en tout ou en partie soit *ab intestat*, soit par disposition, à des parens collatéraux, ou à des étrangers, ceux-ci, lors de la remise qu'ils feraient à l'enfant naturel, ont été autorisés, art. 4, à retenir le sixième de ce qui leur était échu, ou de ce qui leur avait été donné : c'était l'équivalent de la quotité disponible.

3°. Les enfans naturels ont été assujetis, art. 5, à recevoir les biens dans l'état où ils se trouveraient, et de s'en rapporter sur la consistance de ces biens à l'inventaire qui en aurait été dressé à la mort de leur père ou mère; cet inventaire devait en effet présenter le tableau de la succession.

4°. Les héritiers directs ou collatéraux qui ne pourraient représenter en nature les biens compris dans l'inventaire, ont été chargés, art. 6, de faire état aux enfans naturels du prix qu'ils en auraient tiré, ou de leur valeur au tems de la mort des père et mère. De leur côté les enfans naturels ont dû faire état aux héritiers directs et collatéraux, des impenses utiles ou nécessaires faites dans les biens. Les enfans naturels ont dû en outre rapporter aux héritiers directs ce qui leur avait été donné par leur père ou mère, les fruits ou revenus exceptés.

5°. Les enfans naturels n'ont pu, suivant l'art. 7, exiger la restitution des fruits perçus, ni préjudicier aux droits acquis soit à des tiers possesseurs, soit à des créanciers hypothécaires, soit à des conjoints ou autres ayant titre authentique avant le 1.er brumaire an 2. Jusqu'alors les droits des enfans naturels ayant été incertains n'avaient pu mettre obstacle à l'aliénation des biens.

6.° Enfin la loi du 25 nivôse an 3, art. 3, a maintenu comme transaction ou plutôt comme chose jugée, les jugemens existans alors et non attaqués au fonds, qui avaient conféré aux enfans naturels des droits sur les successions de leurs père et mère.

Ces différentes conditions subsistent pour les successions ouvertes dans l'intervalle de la loi du 4 juin à celle du 12 brumaire : l'abolition qu'elles ont subie n'est relative qu'aux successions antérieures que cette dernière loi avait atteintes par une retroactivité qui fait l'objet du titre XI ci-après.

Section II. *Droits des Enfans naturels reconnus, sur les successions ouvertes dans l'intervalle de la loi du 12 brumaire an 2, au Code civil de l'an XI.*

On vient de voir que la loi du 4 juin

1793, en attribuant aux enfans naturels reconnus, des droits sur les successions de leurs père et mère, avait laissé des droits indécis jusqu'à ce qu'une loi subséquente les eût terminés.

La loi du 12 brumaire an 2 n'ayant déterminé ces droits que pour les enfans naturels alors existans et relativement aux successions ouvertes dans l'intervalle des deux lois, l'état d'indétermination a subsisté jusqu'à la promulgation du Code civil tant pour les enfans naturels nés postérieurement à la loi du 12 brumaire, que pour les successions des père et mère d'enfans naturels ouvertes dans le même temps.

Cependant on a prévu que la reconnaissance des père et mère qui mourraient avant la publication du Code civil, serait nécessaire pour attribuer aux enfans naturels une part dans la succession ; et cette reconnaissance a été exigée comme titre de successibilité.

A mesure que les successions s'ouvraient, les enfans naturels reconnus prétendaient y avoir droit, et continuaient à s'assimiler aux enfans légitimes. On les éconduisait en soutenant qu'aucune loi n'avait réglé les droits de successibilité postérieurement au mois de brumaire an 2, et que ces droits se trouvaient suspendus jusqu'à ce qu'un Code civil les eût réglés. Ces moyens dilatoires étaient fondés sur les articles 1 et 10 de la loi du 12 brumaire, portant que les droits des enfans naturels sur les successions qui s'ouvriraient avant le Code, seraient *en tous points réglés par le Code.*

Ces prétentions ont donné lieu à une multitude de procès; les tribunaux ont jugé diversément plusieurs de ces procès et ont laissé les autres indécis. On a sollicité inutilement des lois interprétatives.

Dans cet état de choses, plusieurs enfans naturels ont obtenu tout ou partie de ce qui pouvait leur appartenir, soit par des dispositions entre-vifs ou testamentaires, soit par des transactions, soit enfin par des jugemens passés en force de chose jugée. D'autres se sont abstenus d'exercer ou de suivre leurs réclamations, et ont attendu un Code civil régulateur.

Enfin, le Code civil a paru en l'an 11, et a fixé les droits des enfans naturels.

En disposant pour l'avenir, le Code a le caractère ordinaire de loi.

En disposant pour le passé, le Code est déclaratif des droits décrétés en principe mais restés indéterminés à l'égard des enfans naturels nés, et des successions ouvertes postérieurement à la loi du 12 brumaire an 2.

Sous ce dernier point de vue, le Code a réglé les droits des enfans naturels pour tout le temps écoulé depuis l'an 2 jusqu'à l'an 11.

Ces droits étant absolument les mêmes que ceux ouverts depuis le Code, nous les ferons connaître dans la section suivante.

Cependant on a prétendu que le Code n'ayant pas déclaré expressément qu'il devait avoir son effet sur le passé, on ne pouvait pas le regarder comme loi transitoire. Mais les doutes ont été levés par la loi du 14 floréal an 11, dont nous allons faire connaître les dispositions.

Il y est dit, art. 1, que les droits des enfans naturels sur les successions de leurs père et mère ouvertes depuis la loi du 12 brumaire jusqu'à la promulgation du Code civil, seraient réglés par le Code.

Les titres du Code appliqués à ces successions, sont le titre de la paternité et de la filiation décrété le 2 germinal an 11, et le titre des successions décrété le 29 du même mois. Ces deux titres ont été promulgués comme lois, dix jours après leurs dates.

L'article 2 de la même loi du 14 floréal an 11, déclare que les dispositions entre-vifs ou testamentaires antérieures à la promulgation de ces deux titres du Code, et dans lesquels on aurait fixé les droits des enfans naturels, seront exécutées sauf la réduction à la quotité disponible, en cas d'excès; et sauf aussi un supplément dans le cas où la portion donnée ou léguée serait inférieure à la moitié de ce qui devrait revenir à l'enfant naturel.

Cet article est conforme au Code : il sera expliqué dans la section suivante.

Enfin l'art. 3 ordonne que les conventions et les jugemens passés en force de chose jugée, par lesquels les droits des enfans naturels auraient été réglés, seront exécutés selon leur forme et teneur.

Il est sage d'ordonner l'exécution de tout ce qui a été réglé définitivement quand il n'existait point de loi. Les transactions, les jugemens qui ont l'autorité de la chose jugée, sont des lois pour les parties : ils fixent irrévocablement leurs droits.

SECTION III. *Droits des enfans naturels (reconnus, d'après le Code civil.)*

Ces droits peuvent s'exercer sur deux genres de successions qu'il importe de bien connaître : les successions régulières, et les successions irrégulières.

Les successions régulières sont celles qui sont recueillies par les héritiers légitimes.

Les héritiers légitimes sont les descendans, ensuite les ascendans, puis les collatéraux.

La proximité de parenté s'établit par le nombre des générations. Chaque génération s'appelle un degré. La suite des degrés forme la ligne directe ou la ligne collatérale.

On appelle ligne directe la suite des degrés entre personnes qui descendent l'une de l'autre. Cette ligne se subdivise en ligne directe descendante, qui est celle qui lie le chef avec ses descendans, et en ligne directe ascendante, qui est celle qui lie une personne avec ceux dont elle descend. En ligne directe, on compte autant de degrés qu'il y a de générations entre les personnes : ainsi le fils est à l'égard du père au premier degré ; le petit-fils au second, et réciproquement du père et de l'ayeul à l'égard des fils et petits-fils. La représentation a lieu à l'infini dans la ligne directe descendante. Dans la ligne ascendante, le plus proche de chaque côté paternel et maternel, exclut toujours le plus éloigné. (Liv. 3, art. 26, 27, 30, 31).

On appelle ligne collatérale, la suite des degrés entre personnes qui ne descendent pas les unes des autres, mais qui descendent d'une auteur commun. En collatérale, les degrés se comptent par les générations, depuis l'un des parens, jusques et non compris l'auteur commun, et depuis celui-ci jusqu'à l'autre parent. Ainsi, deux frères sont au second degré, l'oncle et le neveu sont au troisième, les cousins germains au quatrième, ainsi de suite. La représentation est admise en faveur des enfans et descendans des frères ou sœurs du défunt, soit qu'ils viennent à sa succession concurremment avec des oncles ou tantes, soit que tous les frères et sœurs du défunt étant prédécédés, la succession se trouve dévolue à leurs descendans en degrés égaux ou inégaux. Lorsque la représentation est admise, le partage s'opère par souches. Les parens au-delà du douzième degré ne succèdent pas : les relations de famille sont effacées au-delà de ce degré qui comporte six générations en ligne collatérale ; et une longue expérience a prouvé que des successions dévolues à de telles distances étaient toujours en proie à des contestations. (art. 26, 28, 32, 33, 45).

Toute succession se divise en deux parts égales ; l'une pour les parens de la ligne paternelle, l'autre pour les parens de la ligne maternelle, sans les subdivisions entre les différentes branches de chaque ligne. Il ne se fait aucune dévolution d'une ligne à une autre que lorsqu'il ne se trouve aucun ascendant ni collatéral de l'une des deux lignes. Mais à défaut de parens au degré successible dans une ligne, les parens de l'autre côté succèdent pour le tout. (art. 23, 45).

Les héritiers légitimes sont saisis légalement des biens, droits et actions du défunt, sous l'obligation d'acquitter toutes les charges de la succession (art. 14), et d'admettre les enfans naturels et les légataires au partage des biens.

Mais les héritiers ont une réserve légale que les legs ni même les dons ne peuvent entamer. Cette réserve est des trois quarts de la masse, lorsqu'il y a plus de deux enfans légitimes ; de moitié lorsqu'il n'y a qu'un enfant légitime ou que des ascendans des deux lignes, et du quart lorsqu'il n'y a que des ascendans d'une seule ligne. Les ascendans ont seuls droit à cette réserve, même lorsqu'ils succèdent concurremment avec les collatéraux. (Art. 203, 204, 205).

Les collatéraux n'ont aucune réserve légale (Art. 206.)

Les enfans naturels ont une sorte de réserve légale sur les seuls biens de la succession et à l'exécution des légataires. Cette réserve consiste dans un tiers de part s'il y a pour héritiers des enfans légitimes, dans une demi-part d'enfans légitimes lorsque les héritiers sont des ascendans ou des frères ou sœurs, et dans les trois quarts lorsque les héritiers sont des collatéraux de degrés plus éloignés ; le tout sauf les réduction et prohibition dont on parlera ci-après. (Art. 47: 51).

Les successions irrégulières sont celles où il y a défaut absolu d'héritier dans les lignes paternelle et maternelle.

Elles sont dévolues à l'enfant naturel reconnu du défunt, à la charge par lui d'obtenir un jugement d'envoi en possession, et sous différentes conditions énoncées ci-après. En ce cas la réserve légale de l'enfant naturel est des trois quarts de la masse ; les legs ne peuvent excéder l'autre quart. (Art. 13, 14, 47, 60).

A défaut d'enfant naturel, l'époux survivant succède, en vertu de jugement d'envoi en possession fondé sur sa qualité d'époux. (Art. 57).

A défaut d'époux survivant, la république pourra se faire envoyer en possession de la succession. (Art. 58).

Enfin, si la république ne se présente pas pour succéder, la succession se trouvera vacante, et les tribunaux y nommeront un curateur. (Art. 101 et suiv).

Cela posé nous avons plusieurs points à examiner : 1.° Droits des enfans naturels dans une succession recueillie par des héritiers légitimes, 2.° Droits des enfans naturels qui succèdent à défaut d'héritiers, 3.° Concours de plusieurs enfans naturels à la même succession, 4.° Exclusion absolue des enfans naturels.

§. I.

§. I. *Droits des enfans naturels dans une succession recueillie par des héritiers légitimes.*

1.° Quelle est la nature et la quotité de ces droits ?

2.° Ces droits doivent-ils être reconnus ou jugés avec les héritiers ? l'enfant naturel en a-t-il la jouissance depuis l'ouverture de la succession ?

3.° Ces droits peuvent-ils être entamés par la réserve légale des héritiers ?

4.° Peuvent-ils l'être aussi par les legs ?

5.° Quel est le rapport à faire aux héritiers par l'enfant naturel ?

6.° Les héritiers sont-ils sujets au rapport envers l'enfant naturel ?

7.° L'enfant naturel peut-il, comme les héritiers, profiter de la révocation des donations ?

8.° A-t-il, comme les héritiers, le droit de demander la réduction des donations non révoquées ?

9.° *Quid*, lorsque le défunt a fait un partage par donation ou par testament ?

10.° L'enfant naturel est-il tenu de con

tribuer avec les héritiers aux charges et dettes de la succession ?

11.° Enfin, l'enfant naturel peut-il concourir avec les héritiers aux liquidation et partage de la succession ?

Nous allons résoudre ces différentes questions.

1.° *Nature et quotité des droits de l'enfant naturel reconnu.*

L'enfant naturel doit être substanté par les père ou mère qui l'ont reconnu.

Pendant la vie des auteurs de ses jours, il ne peut exiger d'eux que des alimens. C'est une obligation naturelle et réciproque pour laquelle il se trouve à l'instar des enfans légitimes. Et il doit, comme ceux-ci, s'abstenir de demander que ses père ou mère pourvoient à son établissement par mariage ou autrement. (Liv. 1, Art. 198 et suiv).

Mais à la mort de ses père ou mère, il a des droits sur leurs biens. (Art. 47).

Ces droits sont proprement une créance d'alimens; c'est même une espèce de légitime, ou de réserve légale.

Le droit de l'enfant naturel, dit l'orateur du gouvernement, n'est acquis qu'au décès du père ou de la mère ; c'est sous le titre de créance, une participation à la succession.

L'enfant naturel peut l'exercer également sur les deux successions, lorsqu'il a été reconnu par le père et la mère.

Voici comment l'art. 47 détermine ce droit sur chaque succession.

« Le droit de l'enfant naturel sur les » biens de ses père ou mère décédés, est » réglé ainsi qu'il suit :

» Si le père ou la mère a laissé des des- » cendans légitimes, ce droit est d'un tiers » de la portion héréditaire que l'enfant na- » turel aurait eue s'il eût été légitime.

» Il est de la moitié, lorsque les pères » et mère ne laissent pas de descendans, » mais biens des ascendans, ou des frères » ou sœurs.

» Il est des trois quarts lorsque les père » ou mère ne laissent ni ascendans ni » frères ni sœurs ».

Deux choses à remarquer ici.

La première, c'est que le droit de l'enfant naturel est limité sur les seuls biens des père ou mère décédés, c'est à dire, sur ceux de la succession. Ce droit ne peut par-conséquent s'étendre sur les biens aliénés antérieurement par vente, donation, ou autrement, puisque ceux-ci étant sortis des mains du père ou de la mère, n'ont pu entrer dans la composition de la succession. En vain l'enfant naturel argumenterait de l'acte de reconnaissance comme étant un titre antérieur aux aliénations; on lui répondrait que ce titre ne lui a conféré aucun privilége, aucune hypothèque du vivant de son auteur, et qu'il l'a seulement habilité à réclamer sa portion légale des biens de la succession.

La seconde rem arque est qe l'article, en réglant le droit au tiers, à la moitié ou aux trois quarts de la portion héréditaire que l'enfant naturel aurait eue s'il eût été légitime, n'assimile pas pour cela l'enfant naturel à l'enfant légitime: il donne seulement un exemple pour fixer la quotité de son droit.

Ne serait-il pas absurde, en effet, de supposer que le Code ait voulu assimiler l'enfant naturel à l'enfant légitime, lorsqu'il le place dans un rang très-inférieur en ne lui assignant qu'un tiers de la part d'enfant légitime?

Si l'on eût voulu le mettre absolument à l'instar d'un enfant légitime, l'aurait-on réduit à la moitié ou aux trois quarts de la succession, dont les héritiers sont des ascendans ou des collatéraux, tandis qu'assimilé à l'enfant légitime il aurait exclu ces héritiers?

Mais on ne peut assimiler ses droits à ceux de l'enfant légitime, puisque le Code civil, liv. 1, art. 332, déclare textuellement que l'enfant naturel reconnu ne pourra réclamer les droits d'enfant légitime.

D'ailleurs, l'assimilation aurait fait considérer l'enfant naturel comme héritier, ce qui est encore prohibé par l'art. 46 du tit. 3, portant que les enfans naturels ne sont point héritiers.

En un mot, l'enfant naturel est simplement créancier légitimaire de la succession, et l'art. 47 a eu pour but de déterminer la quotité de la créance, en le faisant primer par tous les parens directs et collatéraux au degré successible.

Au reste cette créance est le maximum de ce que l'enfant naturel peut réclamer; il doit y comprendre, suivant l'art. 193, tout ce qu'il a reçu du défunt par don ou legs, et si les dons et legs excèdent la quotité, on devra les y réduire.

Voici un exemple de la fixation de cette

créance, lorsque la succession est recueillie par un seul enfant légitime.

Après l'acquittement des dettes, on forme une masse nette de la valeur des biens existans et du rapport auquel l'enfant naturel est sujet. On la divise en six parties, dont cinq sont pour l'enfant légitime, et la sixième pour l'enfant naturel.

Lorsqu'il y a des légataires, on fait une pareille masse. On délivre à l'enfant naturel un sixième. Les cinq autres sixièmes appartiennent à l'héritier, à la charge de remettre aux légataires ce qui lui restera après s'être rempli de sa réserve légale qui s'exerce tant sur les biens existans que sur les dons et legs.

2.° *Le droit de l'enfant naturel doit-il être reconnu ou jugé avec les héritiers ? En a-t-il la jouissance depuis l'ouverture de la succession ?*

Les héritiers légitimes ont la saisine légale de l'universalité des biens, droits et actions du défunt, sans l'obligation d'acquitter les charges de la succession. (Liv. 3, art. 14).

Le droit universel des héritiers souffre

une exception : c'est celle du droit particulier de l'enfant naturel qui lui donne aussi une saisine légale, à la charge de la faire distraire de la masse générale de la succession qui est au pouvoir des héritiers.

La saisine légale de l'enfant naturel lui attribue de plein droit la jouissance de sa chose à compter du decès de ses père et mère. En effet le code, liv. 3, 46 et 47, *lui accorde des droits sur les biens de ses père et mère décédés*, et détermine la quotité de ces droits, sans l'astreindre à demander la délivrance, et sans le priver des arrérages courus depuis le decès.

L'enfant naturel ne doit pas néanmoins être placé sur la ligne des héritiers, puisque la loi lui dénie cette qualité ; mais son droit étant une participation à la succession le rapproche des héritiers.

On ne doit pas non plus assimiler l'enfant naturel à un légataire universel. Celui-ci est pour l'ordinaire étranger au défunt, tandis que l'enfant naturel tient au défunt par les liens du sang et a été par lui aggregé à sa famille. Le légataire ne tient son droit que de la libéralité du défunt, tandis que l'enfant naturel tient le sien de l'affection et du devoir du défunt et des dispositions de la loi.

Le légataire est astreint à demander la délivrance du legs, et l'enfant naturel ne l'est point à demander l'envoi en possession. Enfin, le légataire, en général, n'est saisi qu'à compter de la délivrance, et l'enfant naturel l'est à dater du décès.

En un mot l'enfant naturel est un créancier alimentaire, un légitimaire d'une classe particulière ; il n'est ni héritier ni légataire, mais il prend place entre l'héritier qu'il suit, et le légataire qu'il exclut.

Quoiqu'il en soit, le droit de l'enfant naturel étant une exception au droit général de l'héritier, ne peut être exercé valablement que lorsqu'il a été reconnu par l'héritier ou jugé avec lui.

Le titre et la reclamation de l'enfant naturel peuvent être contestés par tous ceux qui y auront intérêt, tels qu'héritiers, légataires, époux survivant et autres qui verraient diminuer l'hoirie par l'immixtion de l'enfant naturel. (Art. 333). On a vu au chapitre précédent, sect. 3, §. 4, les moyens qui peuvent faire repousser l'enfant naturel. Si ces moyens réussissent, il n'aura rien à prétendre. Dans le cas contraire, on ne pourra l'exclure de la succession, mais sa reconnaissance sera toujours son titre ostensible, tant qu'elle n'aura pas été invalidée par un jugement rendu entre lui et les héritiers, ou autres contestans.

3°. *Le droit de l'enfant naturel peut-il être entamé par la réserve légale des héritiers.*

La réserve légale des héritiers n'a lieu qu'en faveur des descendans et des ascendans ; elle doit être intégrale, elle se prend sur les biens libres, subsidiairement sur les legs, et ensuite sur les donations entrevifs. (Liv. 3, art. 203, 205, 206, 210, et suiv.)

Le droit de l'enfant naturel est une sorte de réserve légale qui doit aussi être intégrale, et qui se prend sur les seuls biens de la succession sans en excepter les legs. (Art. 47).

Ces réserves respectives ont la concurrence entr'elles, l'une ne peut exclure ni entamer l'autre. Les héritiers ont le droit d'exercer la leur. L'enfant naturel a pareillement le droit d'exercer la sienne tant que son titre n'est pas détruit.

4°. *Le droit de l'enfant naturel peut-il être entamé par les legs ?*

Le droit de l'enfant naturel frappe sur tous les biens de la succession. Loin d'être subordonné aux legs, il les exclut.

En effet les legs sont des libéralités exercées par le défunt sur la portion disponible des biens de sa succession, et la portion disponible ne se compose que de ce qui reste après les réserves légales dont le droit de l'enfant naturel fait partie.

Ce droit est d'autant moins compatible avec les legs, que l'on parviendrait à le rendre illusoire en admettant par préférence ou même par concurrence avec l'enfant naturel, des légataires auxquels un testament transmettrait la moitié, les trois quarts, ou la totalité des biens.

Le testateur n'ayant pas la disposition de la portion de ses biens affectée par la loi à l'enfant naturel, ne peut donc conférer au légataire le droit de l'entamer.

5°. *Rapport à faire par l'enfant naturel aux héritiers.*

L'enfant naturel doit imputer sur son droit tout ce qu'il a reçu du défunt, et qui serait sujet à rapport. (Art. 50).

Ce rapport doit être fait aux héritiers, et non aux créanciers ni au légataire. (Art. 144).

Voici les règles principales du rapport.

L'enfant naturel doit rapporter tout ce qu'il a reçu du défunt par donation entre-vifs, directement ou indirectement. (Art. 133).

Il ne peut retenir les dons et legs que jusqu'à concurrence de sa quotité, quand même ils lui auraient été faits avec dispense de rapport. L'excédent est sujet à rapport. (Art. 134, 198.)

Le rapport est dû de ce qui a été payé pour l'établissement de l'enfant naturel, ou pour le paiement de ses dettes. (Art 141).

Le rapport s'opère en nature, ou en moins, ou en équivalent. (Art. 148 et suiv.)

Les fruits et les intérêts des choses sujettes à rapport ne sont dus qu'à compter du jour de l'ouverture de la succession : car c'est de cette époque seulement que date le droit de l'héritier auquel le rapport est dû. (Art. 146).

Il n'y a pas lieu à rapport pour les frais de nourriture, d'entretien, d'éducation, d'apprentissage, d'équipement, de noces et présens d'usage, ni pour le profit retiré de conventions passées avec le défunt et qui ne renfermaient point d'avantages indirects, ni enfin pour des associations qui auraient été faites avec le défunt, par acte authentique et sans fraude. (Art. 142, 143, 144).

6°. *Les héritiers sont-ils sujets au rapport envers l'enfant naturel ?*

Il faut distinguer ici l'heritier donataire d'avec l'héritier légataire.

L'héritier donataire n'est tenu au rapport des dons qu'envers ses cohéritiers ; parce que les dons ne sont rapportables que d'héritier à héritier. L'enfant naturel n'étant point héritier serait sans qualité pour exiger le rapport des dons.

L'enfant naturel est creancier, et le rapport n'est point dû aux créanciers.

L'héritier légataire ne peut être dispensé de rapport que jusqu'à concurrence de sa réserve légale. Hors ce cas, il est considéré comme simple légataire, et à ce titre il ne peut se soustraire à l'exercice du droit légitimaire de l'enfant naturel sur tous les biens de la succession tant libres que légués.

Dira-t-on qu'il doit y avoir de la réciprocité entre l'enfant naturel sujet à rapport et les héritiers qui profitent du rapport ? La réponse sera simple : les héritiers se doivent mutuellement le rapport pour faire un partage egal. L'enfant naturel ne peut aller de pair avec les héritiers. Il n'est point assujetti au rapport comme héritier, mais comme créancier, ou comme exerçant un droit limité : l'objet de son rapport est de faire précompter sur sa créance les dons par lui reçus du défunt. Les héritiers auxquels il fait le rapport, ont un droit universel qui les autorise à le resserrer dans des bornes étroites.

7°. *L'enfant naturel peut-il, comme les héritiers, profiter de la révocation des donations ?*

Les donations entrevifs peuvent être révoquées, soit pour cause d'inexécution des conditions sous lesquelles elles ont été faites, soit pour cause d'ingratitude, soit enfin pour cause de survenance d'enfans. (Art. 243 et suiv.).

La révocation des donations les fait considérer comme non avenues; elle fait rentrer les biens dans le patrimoine du donateur, et ces biens sont libres dans sa succession, de même que ceux dont il ne s'était point dépouillé.

Il résulte de-là que ces biens font partie de l'hoirie sur laquelle l'enfant naturel peut exercer son droit.

8°. *L'enfant naturel a-t-il droit de demander, comme les héritiers, la réduction des donations non révoquées?*

On a remarqué plus haut que les donations non révoquées ont dépouillé le donateur, et que les biens qui y sont compris ne peuvent tomber dans la succession sur laquelle l'enfant naturel a des droits.

Il suit de-là que les biens donnés ne peuvent être affectés à la créance légitimair de l'enfant naturel, et que par-conséquent il serait sans qualité pour demander la réduction des donations.

Cette action n'appartient qu'aux descendans et aux ascendans qui ont une réserve légale; et ils ne peuvent l'exercer qu'après avoir épuisé les biens libres et les legs. (Art. 211, 213, 215 et suiv.)

L'action en réduction des donations est même interdite implicitement à l'enfant naturel par les art. 46 et 47, qui, en limitant son droit aux biens de la succession, lui défendent de l'étendre sur ceux dont ses auteurs s'étaient expropriés. Aussi l'orateur du gouvernement, en parlant de la réduction des donations, déclare-t-il « qu'il » ne doit être fait aucune déduction à » raison du droit des enfans naturels : ce » droit, ajoute-t-il, n'est point acquis » avant la mort, et c'est sous le titre de » créance, une participation à la succes- » sion. »

9°. *Du partage fait par le défunt soit par donation, soit par testament.*

Les père et mère peuvent faire entre leurs descendans, sans en excepter l'enfant naturel réconnu, la distribution et le partage de leurs biens par actes entre-vifs ou testamentaires.

Ce genre de disposition, consacré par les articles 364 et suivans du liv. 3 du Code civil, remplace les anciennes démissions de biens, sans néanmoins en présenter les inconvéniens.

On ne donnait pas aux démissions de biens la force d'une donation entre-vifs, puisqu'elles étaient révocables. On ne leur donnait point non plus l'effet d'une disposition testamentaire, puisqu'elles étaient exécutées du vivant de l'auteur. On avait conservé la règle de droit suivant laquelle on ne peut pas se faire d'héritier irrévocable. Il n'y avait d'exception que pour les institutions par contrat de mariage. On craignait que les parens n'eussent à se repentir de s'être trop abandonnés à des sentimens d'affection, et d'avoir eu trop de confiance en ceux auxquels ils avaient livré leur fortune. D'un autre côté, c'était laisser dans les pactes de famille une incertitude funeste. Le démissionnaire qui avait la propriété sous la condition de la révocation, se flattait toujours qu'elle n'aurait pas lieu : il traitait avec des tiers, il s'engageait, il aliénait, et la révocation n'avait presque jamais lieu sans des procès qui empoisonnaient le reste de la vie de celui qui s'était démis, et qui rendaient sa condition pire que s'il eût laissé subsister sa démission.

Les partages substitués aux démissions n'auront point de caractère mixte. S'il sont faits par donation, ils seront irrévocables ; s'ils sont faits par testament il seront considérés comme disposition à cause de mort : il n'y aura plus d'incertitude de part ni d'autre. Le partage est le dernier et l'un des actes les plus importans de la puissance et de l'affection des pères et mères. Ceux-ci s'en rapporteront le plus souvent à la sage répartition que la loi elle-même avait faite entre leurs enfans : ils n'y suppléeront par un partage que lorsqu'ils auront à craindre les dissentions de leur famille. Connaissant la valeur des biens, les avantages et les inconvéniens de la répartition, ils rempliront cette magistrature non seulement avec l'impartialité de juges, mais encore avec ce soin, cet intérêt, cette prévoyance que l'affection paternelle peut seule inspirer.

Il eût été injuste de refuser au père qui, lors du partage entre ses enfans, pouvait disposer librement d'une partie de ses biens, l'exercice de cette faculté dans le partage même. C'est ainsi qu'il peut éviter des démembremens ; conserver à l'un de ses enfans l'habitation qui pourra continuer d'être l'asile commun ; réparer les inégalités naturelles ou accidentelles : en un mot c'est dans l'acte de partage qu'il pourra le mieux combiner et en même tems réaliser la répartition la plus équitable et la plus propre à rendre heureux chacun de ses enfans. Ceux qui s'y trouveront lésés pourront faire vérifier les estimations et faire rentrer dans les bornes de la loi, ceux qui auraient obtenu des avantages excessifs.

10°. *L'enfant naturel est-il tenu de contribuer avec les héritiers aux charges de la succession ?*

Il suffit de voir un droit universel dans une succession, pour être passible des charges.

Les héritiers sont expressément tenus des charges. Les légataires en sont aussi tenus au prorata de l'émolument. Pourquoi l'enfant naturel, placé par la loi entre ces deux classes de successeurs, ne serait-il pas aussi tenu de contribuer aux dettes ? n'est-ce pas une condition nécessaire de son droit de succéder ?

Il faut remarquer néanmoins que les

dettes et charges pèsent en totalité sur les héritiers, et que l'enfant naturel et les légataires n'en sont tenus que secondairement.

En effet les héritiers sont saisis de plein droit des biens, droits et actions du défunt, sous l'obligation d'acquitter toutes les charges de la succession (Art. 14.); ils contribuent entr'eux au paiement des dettes et charges de la succession, chacun dans la proportion de ce qu'il y prend (Art. 260); ils sont tenus de ces dettes et charges personnellement pour leur part et portion virile et hypothécairement pour le tout (Art. 163); en cas d'insolvabilité d'un des héritiers, sa part dans la dette hypothécaire est repartie sur tous les autres au marc le franc (Art. 166).

Lorsque les héritiers sont actionnés pour les dettes de la succession, ils sont tenus d'y faire face en totalité; mais en dernière analyse, ils n'en doivent supporter que leur quote-part; le surplus est à la charge des successeurs de seconde et de troisième ligne, tels que l'enfant naturel et les légataires universels obligés personnellement et hypothécairement aux mêmes dettes. (Art. 47, 298, 301).

S'il arrivait que l'enfant naturel fût évincé par un créancier hypothécaire, il ne devrait souffrir de diminution dans sa quote-part de l'hoirie qu'au prorata, et il devrait être garanti et indemnisé du surplus par les héritiers et légataires. (Art. 163).

11°. *Enfin l'enfant naturel peut-il concourir avec les héritiers aux liquidation et partage de la succession ?*

Lorsque le droit de l'enfant naturel est reconnu par les héritiers ou jugé avec eux, les opérations de la succession ne peuvent pas lui être étrangères. Il a, comme les héritiers, un droit universel sur la masse, et jusqu'au partage il a comme eux le droit de veiller sur l'objet indivis : il doit donc être appelé aux actes de liquidation et de partage.

Lorsque le partage est fait, l'enfant naturel est censé, comme chaque cohéritier, avoir succédé seul et immédiatement à tous les objets compris dans son lot ou à lui échus sur licitation, et n'avoir jamais eu la propriété des autres objets de la succession. Art 173).

Le partage peut être rescindé pour cause

de dol, et pour lésion de plus du quart; mais la simple omission d'un objet de la succession ne donne pas ouverture à la rescision; elle donne seulement lieu à un partage supplémentaire. (Art. 177 et suiv, et 366.)

§. 2. *Droits des enfans naturels qui succèdent à défaut d'héritiers.*

C'est ici une succession irrégulière.

A défaut d'héritiers légitimes la loi la défère à l'enfant naturel reconnu. (Art. 48).

Mais il peut se présenter des héritiers long-tems après l'ouverture de la succession. Ils peuvent réclamer tant que leur action n'est pas prescrite, et il est de règle que la faculté d'accepter ou de répudier une succession ne se prescrit que par le laps de tems requis pour la prescription la plus longue des droits immobiliers. (Art. 79).

Il a donc fallu veiller à ceque les biens de la succession fussent conservés aux héritiers s'ils paraissaient à tems utile. Le code civil y a pourvu, d'une part, en exigeant que la masse des biens fût constatée avec exactitude, et de l'autre, en obligeant l'enfant naturel à faire un inventaire et à faire emploi du mobilier.

Lors donc que l'enfant naturel succède à défaut d'héritiers, il est tenu de se faire envoyer en possession par justice. (Art. 14).

A cet effet il doit faire apposer les scellés et faire procéder à l'inventaire dans les formes prescrites pour l'acceptation des successions sous bénéfice d'inventaire. Cet inventaire doit être fait dans les formes réglées par le Code de la procédure civile. Il doit y être procédé dans les trois mois à compter du décès. Il doit être fidèle et exact. Il doit précéder ou suivre la déclaration juridique de l'enfant naturel qu'il n'accepte la succession que sous bénéfice d'inventaire. (Art. 59, 63, 83 et suiv.)

Ensuite l'enfant naturel doit s'adresser au tribunal de première instance dans l'étendue duquel la succession est ouverte, pour faire ordonner l'envoi en possession. Le tribunal ne peut statuer sur la demande qu'après trois publications et affiches dans les formes usitées et après avoir entendu le commissaire du gouvernement. (Art. 60, 63).

L'enfant naturel doit faire emploi du mobilier ou donner caution suffisante pour en assurer la restitution, au cas où il se présenterait des héritiers du défunt dans l'intervalle de trois ans; après ce délai la caution est déchargée. (Art. 61, 63).

L'enfant naturel qui n'aurait pas rempli les conditions qui viennent d'être indiquées pourra être condamné aux dommages-intérêts des héritiers s'il s'en représente à tems utile. (art. 62, 63).

Si les héritiers se représentent à tems, l'enfant naturel sera tenu de leur rendre la succession en nature ou en valeurs, avec les intérêts courus depuis la révendication; mais il aura le droit de retenir sa créance légitimaire. (art. 47).

Si au contraire il ne se représente point d'héritiers à tems, l'enfant naturel demeurera propriétaire incommutable des biens de la succession, et confondra dans sa qualité de successible irrégulier sa créance légitimaire. (art. 47, 48).

L'enfant naturel se trouvera réduit à cette créance formant sa réserve légale, si le défunt a légué à d'autres la portion disponible de ses biens. En ce cas les légataires devront obtenir de l'enfant naturel la délivrance des legs, et supporter leur quote-part des dettes s'ils ont un droit universel. (art. 257, 291 et suiv.).

Si le défunt a nommé un exécuteur testamentaire et lui a conféré la saisine annale, celui-ci sera tenu de faire des actes conservatoires et devra être appelé à la délivrance des legs. L'enfant naturel ne pourra faire cesser la saisine qu'en acquittant les legs mobiliers. (art. 314 et suiv.).

§. 3. *Du concours de plusieurs enfans naturels à la même succession.*

Il peut arriver que le défunt laisse plusieurs enfans naturels reconnus.

Leurs droits seront égaux et devront être exercées de la manière indiquée ci-devant.

Si donc la succession est recueillie par des héritiers légitimes, le droit de chaque enfant naturel sera d'un tiers de part s'il y a des enfans légitimes; d'une moitié de part d'enfant légitime, s'il n'y a que des ascendans ou des frères et sœurs, et des trois quarts de part d'enfant légitime, si les héritiers sont des collatéraux plus éloignés, et à la charge des rapport et déductions légales. (art. 47, 50, 198).

Si au contraire, à défaut d'enfans légitimes, les enfans recueillent la succession,

sion, ils y auront droit pour des portions égales, sauf à se restreindre collectivement à la reserve des trois quarts en cas de legs.

§. 4 *et dernier. Exclusion absolue des enfans naturels reconnus.*

Toute reclamation est interdite à l'enfant naturel sur la succession régulière ou irrégulière, lorsqu'il a reçu du vivant de ses père et mère la moitié de sa créance légitimaire, avec déclaration expresse de la part de ses père ou mère, que leur intention est de le réduire à la portion qu'ils lui ont assignée. Dans le cas où cette portion serait inférieure à la moitié de ce qui devrait revenir à l'enfant naturel, il ne pourra réclamer que le supplément nécessaire pour parfaire cette moitié (Art. 51.)

L'enfant naturel n'aura non plus rien à réclamer s'il a renoncé expressément à son droit sur la succession. Mais on doit présumer qu'il se décidera difficilement à renoncer, quelqu'onéreuse que soit la succession, car étant assimilé à un créancier lorsqu'il y a des héritiers, et à un héritier bénéficiaire à défaut d'héritiers, il ne peut courir personnellement aucun risque.

E

La prescription générale éludera aussi les droits de l'enfant naturel qui ne les aurait pas exercés à tems.

TITRE TROISIÈME.

De l'état et des droits des enfans adultérins.

Les enfans adultérins peuvent être rangés en cinq classes :

1.° L'enfant né de père marié et de mère non mariée, est de plein droit adultérin.

2.° L'enfant d'une femme mariée et d'un homme non marié, n'est adultérin que lorsqu'il a été jugé tel sur le désaveu et la poursuite du mari de la mère ; jusques-là il est présumé appartenir au mariage de la mère (Liv. I, tit. 7, ch. I).

3.° L'enfant dont les père et mère étaient, lors de sa conception, engagés dans lesliens du mariage avec d'autres personnes sera doublement adultérin, lorsqu'il aura été jugé tel sur le désaveu et la poursuite du mari de la mère; jusques-là il sera présumé appartenir au mariage de la mère (*id.*).

4.° L'enfant conçu pendant le mariage

pourra être réputé adultérin sur le désaveu et la poursuite du mari, motivés sur ce que pendant le tems qui a couru depuis le 300e. jusqu'au 180e. jour avant la naissance de cet enfant, le mari était, soit par cause d'éloignement, soit par l'effet de quelqu'accident, dans l'impossibilité physique decohabiter avec sa femme (Art. 306).

5.° Enfin l'enfant conçu pendant le mariage pourra aussi être réputé adultérin sur le désaveu et la poursuite du mari, motivés sur l'adultère de la mère, et sur ce qu'elle avait caché au mari la naissance de l'enfant; pourvu toutefois que le mari ait administré la preuve des faits propres à justifier qu'il n'est pas le père (Art. 307). On ne peut pas repousser un mari qui, ayant fait déclarer sa femme adultère et ayant ignoré qu'elle eût un enfant, verrait après coup, et peut-être après la mort de sa femme, cet enfant se présenter comme supposé né de son mariage.

C'est dans de pareilles circonstances que l'honnêteté publique et la dignité du mariage réclament en faveur du mari le droit de prouver que cet enfant lui est étranger.

Dans les différens cas où le mari est autorisé à réclamer, il devra le faire de la manière indiquée au titre précédent et qui se réduit à ceci : Le mari fera son désaveu dans le mois s'il se trouve sur les lieux lors de la naissance de l'enfant ; il le fera dans les deux mois après son retour, si, à la même époque, il est absent, et il le fera dans les deux mois après la découverte de la fraude, si on lui avait caché la naissance de l'enfant. Si le mari est mort avant d'avoir fait son désaveu, mais étant encore dans le délai utile pour le faire, ses héritiers auront, pour contester la légitimité de l'enfant, deux mois à compter de l'époque où cet enfant se serait mis en possession des biens du mari, ou de l'époque où les héritiers seraient troublés par l'enfant dans cette possession. Le désaveu sera comme non avenu, s'il n'est suivi dans le délai d'un mois, d'une action en justice dirigée contre un tuteur *ad hoc* donné à l'enfant, et en présence de sa mère (Art. 310, 311, 312).

La reconnaissance de l'enfant adultérin est prohibée, parce qu'elle serait de la part du père et de la mère l'aveu d'un crime scandaleux (Art. 329).

L'enfant adultérin ne peut être légitimé par le mariage subséquent de ses père et mère. Ce mariage est même prohibé en cas de divorce pour cause d'adultère (Art 292, 325).

L'enfant adultérin est au nombre des enfans naturels qui ne peuvent réclamer les droits d'enfant légitime (Art. 332).

Pour éviter le scandale de l'action judiciaire d'un enfant adultérin qui rechercherait son état dans la preuve du délit de ceux qu'il prétendrait en même temps être les auteurs de ses jours, la loi lui interdit expressément la recherche de la paternité et de la maternité (Art. 336).

Mais cette règle souffre deux exceptions.

La première est lorsqu'il s'agit de successions de père et de mère d'adultérin ouvertes dans l'intervalle de la loi du 4 juin 1793 à celle du 12 brumaire an 2. L'enfant adultérin, pour obtenir une portion alimentaire, a dû prouver sa possession d'état dans la forme prescrite par l'art. 8 de cette dernière loi, c'est-à-dire, en représentant des écrits publics ou privés de ses père et mère, constatant sa filiation adultérine, ou en faisant enquête des soins continus donnés à titre de paternité et de maternité à son entretien et à son éducation.

La seconde exception dérive de la recherche de la maternité admise en faveur des bâtards simples par l'art. 335 du liv. 1 du Code civil. Comme cette recherche pourrait entraîner la preuve d'un commerce adultérin, et comme l'on doit assurer des alimens aux fruits malheureux de ces désordres, l'instruction et le jugement serviront à constater l'état de l'enfant adultérin et seront des titres contre les auteurs de ses jours pour les obliger à le substanter.

Après avoir déterminé l'état des enfans adultérins, il faut examiner leurs droits.

Ces droits consistent à exiger des alimens. Pour en connaître la quotité, l'on doit se fixer aux trois époques indiquées au titre précédent.

Première Époque, comprenant l'intervalle écoulé entre la loi du 4 juin 1793, et la loi du 12 brumaire an 2.

Dans cet intervalle les droits des enfans adultérins ont été réglés ainsi qu'il suit.

« A l'égard, est-il dit art. 13 de la loi du 12 brumaire an 2, » des enfans nés hors ma-
» riage dont le père ou la mère était, lors
» de leur naissance, engagé dans les liens du
» mariage, il leur sera accordé à titre d'a-
» limens le tiers en propriété de la portion

» à laquelle ils auraient droit s'ils étaient nés » dans le mariage ».

Cet article ne s'applique qu'aux fruits d'un adultère simple et non à ceux d'un double adultère dont le sort a été renvoyé tacitement au Code civil.

Ainsi l'enfant né hors mariage de père ou mère mariés, a eu droit à un tiers de part dans les successions de ses père et mère ouvertes dans l'intervalle des deux loix; et pour obtenir la délivrance de ce droit universel, ou plutôt de cette réserve légale, il a pu intervenir dans les liquidations et partages.

Il est nécessaire d'observer que l'article cité paraît renfermer une erreur de rédaction en fixant à la date de la naissance de l'enfant son état d'adultérin, tandis-que l'on doit remonter à l'époque de sa conception pour savoir si ses père ou mère étaient engagés dans les liens du mariage, ce qui caractériserait l'adultère.

2.e *Époque, comprenant l'intervalle de la loi du 12 brumaire an 2, au Code civil décrété en l'an XI.*

Les enfans adultérins avaient, dans cet

intervalle, un droit de successibilité décrété en principe le 4 juin 1793.

On a prétendu que ce droit était d'un tiers de part en conformité de la loi du 12 brumaire; mais il a été reconnu que cette loi ne l'avait ainsi réglé que pour le passé et non pour l'avenir.

Le Code civil est devenu le régulateur de ce même droit, ainsi que de tout ce que les enfans adultérins pouvaient réclamer soit du vivant de leurs père et mère, soit sur leurs successions. On verrra ci-après à la 3.e Époque, que ces droits se réduisent à de simples alimens.

La loi transitoirre du 14 floréal an 11 ayant eu en vue tous les enfans nés hors mariage, et n'ayant point fait d'exception relativement aux enfans adultérins, oblige nécessairement ceux-ci comme les autres à s'en tenir au Code civil pour le règlement de leurs droits ouverts pendant l'intervalle.

Si, dans cet intervalle, les enfans adultérins ont obtenu des dons ou legs, ils seront censés les avoir remplis de tout ce qu'ils pouvaient prétendre.

Et si les droits des enfans adultérins, ouverts dans le même intervalle, se trouvent fixés par transaction, ou par jugement passé en force de chose jugée, ils ne seront plus susceptibles de règlement.

3.e Et dernière Époque. Promulgation du Code civil de l'an XI.

A partir de la promulgation du Code civil, les enfans adultérins n'ont droit qu'à des alimens (Liv. 3, Art. 52).

Ces alimens doivent être réglés eu égard aux facultés du père ou de la mère, au nombre et à la qualité des héritiers légitimes (Art. 53).

Mais lorsque le père ou la mère de l'enfant adultérin lui auront fait apprendre un art mécanique, ou lorsque l'un deux lui aura assuré des alimens de son vivant, l'enfant ne pourra élever aucune réclamation contre leur succession (Art. 54).

TITRE QUATRIÈME.

De l'état et des droits des enfans incestueux.

Les enfans incestueux sont des individus nés de parens ou alliés entre lesquels le mariage est prohibé.

Les prohibitions de mariage servant à caractériser l'inceste, ont beaucoup varié, ainsi qu'on le verra ci-après au titre du mariage des enfans naturels.

Il suffit de remarquer ici : 1.° qu'avant la loi du 20 septembre 1792, concernant l'état civil, les prohibitions de mariage n'étaient absolues que pour les ascendans, les descendans, et les frères et sœurs, et pour les alliés aux mêmes degrés, et qu'elles pouvaient être levées par voie de dispense entre des parens et alliés de degrés collatéraux inférieurs ; 2.° que la même loi, tit. 4, sect. 1re, art. 11, a restreint les prohibitions de mariage aux parens naturels et légitimes en ligne directe, aux alliés dans cette ligne et aux frères et sœurs, mais que ces prohibitions étaient absolues et ne pouvaient être levées par dispense ni autrement ; 3.° que le Code civil de l'an 11 porte, liv. 1, art. 155, qu'en ligne directe le mariage est prohibé rigoureusement entre tous les ascendans et descendans légitimes ou naturels et les alliés dans la même ligne ; que l'art. 156 prohibe également le mariage entre le frère et la sœur légitimes ou naturels et les alliés au même degré, et que les art. 157 et 158 ne prohibent le mariage entre l'oncle et la nièce, la tante et le neveu, qu'à la charge que la prohibition pourra, pour des causes graves, être levée par le gouvernement; 4.° et que le même Code, liv. 1, art. 142, prohibe le mariage entre l'adoptant l'adopté et ses descendans, entre les enfans adoptifs du même individu; entre l'adopté et les enfans qui pourraient survenir à l'adoptant, entre l'adopté et le conjoint de l'adoptant, et réciproquement entre l'adoptant et le conjoint de l'adopté.

Dans l'ancienne jurisprudence, dit l'orateur du gouvernement, on étendait l'inceste jusqu'aux individus nés de personnes engagées dans les ordres sacrés, ou qui avaient fait vœu monastique, ou qui se trouvaient en disparité de culte. C'était l'effet des lois civile qui prohibaient les mariages mixtes et qui avaient sanctionné, par le pouvoir coactif, les règlemens ecclésiastiques relatifs au célibat des prêtres séculiers et réguliers. Ils ont cessé d'être mixtes, ajoute l'orateur, depuis que la liberté de conscience est devenue elle-même une loi de l'État; et l'on ne peut contester à aucun souverain le droit de séparer les affaires religieuses d'avec les affaires civiles qui ne sauraient appartenir au même ordre de choses, et qui sont gouvernées par des principes différens.

Ainsi l'enfant naturel n'est véritablement

incestueux que lorsqu'il est le fruit d'un commerce illicite entre des parens, alliés et adoptés qui ne peuvent jamais s'unir par le mariage.

Quant à l'enfant naturel dont les père et mère pouvaient ou peuvent obtenir des dispenses pour se marier ensemble, il ne serait incestueux que relativement au défaut de dispenses : la possibilité des dispenses l'a toujours fait considérer comme bâtard simple.

Il ne peut être légitimé par mariage que lorsque ses père et mère ont obtenu des dispenses dans le cas déterminé (Liv. 1, (art 158.)

La reconnaissance d'un enfant incestueux est interdite à ses père et mère (art 329); ce serait de leur part l'aveu d'un crime.

L'enfant incestueux est, comme les autres enfans naturels, exclu des droits d'enfant légitime (Art. 332).

Il ne peut jamais être admis à la recherche de la paternité ni de la maternité (art. 36). Rien en effet ne serait plus scandaleux que l'action judiciaire d'un enfant incestueux qui rechercherait son état dans la preuve du crime des auteurs de ses jours.

Cependant, comme la recherche de la

maternité admise par le Code civil en faveur des bâtards simples, pourrait fournir la preuve d'un commerce incestueux, le législateur a cru pouvoir autoriser l'enfant incestueux à se servir de cette preuve pour obliger ses père et mère à le substanter : mais on n'a pas dû pousser plus loin l'indulgence ; et puisse notre siècle être assez heureux pour n'être jamais témoin de son application !

Les droits des enfans incestueux envers leurs père et mère ou sur leurs successions, font partie des droits de successibilité décrétés en principe en faveur des enfans naturels en général, par la loi du 4 juin 1793.

Ces droits ont été indéterminés jusqu'à la promulgation du Code civil en l'an 11.

Le Code est devenu leur régulateur pour le passé (Loi transitoire du 14 floréal an 11).

Le Code est devenu en même temps obligatoire pour l'avenir.

Ainsi, à dater de la loi du 4 juin 1793, l'enfant incestueux ne pouvant réclamer que ce qui est accordé par le Code, a dû et doit se borner à des alimens qui seront réglés eu égard aux facultés du père ou de la mère, au nombre et à la qualité des héritiers légitimes (Liv. 3, art. 52, 53).

Mais l'art. 54 lui interdit toute réclamation contre les successions de ses père et mère, lorsque l'un ou l'autre, ou tous les deux, lui auront fait apprendre un art mécanique, ou lorsque l'un d'eux lui aura assuré des alimens de son vivant.

TITRE CINQUIÈME.

De l'état et des droits des enfans nés hors mariage de personnes séparées d'habitation.

Ces enfans sont au nombre de ceux auxquels la loi du 4 juin 1793 a accordé des droits de famille.

En conséquence la loi du 12 brumaire an 2 a fait en leur faveur une disposition particulière.

Il y est dit, art. 14, que « s'il s'agit de » la succession de personnes séparées de » corps par jugemens ou actes authentiques, » les enfans nés hors du mariage exerceront tous les droits de successibilité » énoncés dans l'article 1er., pourvu que leur » naissance soit postérieure à la demande en » séparation ».

Les droits de successibilité énoncés dans l'article 1er. et expliqués par l'article 2, consistant à faire admettre les enfans naturels, à l'instar des enfans légitimes, aux successions de leurs père et mère ouvertes antérieurement. Les droits sur les successions postérieures ont été, art. 1 et 10, renvoyés au Code civil.

Pour déterminer ces droits, il faut se placer dans trois hypothèses : 1.° celle où l'enfant serait né de la femme séparée de corps, pendant son mariage ; 2.° celle où l'enfant serait le fruit du commerce de l'homme séparé de corps avec une femme non mariée ; 3.° et celle où l'enfant serait né d'une femme mariée autre que celle de l'homme séparé de corps.

Première hypothèse.

Si l'enfant a été conçu pendant le mariage de la mère séparée de corps, et s'il n'a pas été jugé adultérin sur la poursuite du mari, son état et ses droits sont les mêmes que ceux d'un enfant légitime.

En effet, il est de règle invariable que l'enfant né d'une femme mariée appartient au mariage, à-moins que le mari ne l'ait désavoué et ne l'ait fait juger adultérin.

Dans le cas déterminé par l'art. 14 précité, l'enfant pouvant avoir été conçu antérieurement à la demande en séparation, serait censé être le fruit de la cohabitation des époux : raison de plus pour le faire réputer enfant légitime.

Si l'enfant n'avait été conçu que postérieurement à la séparation, il serait encore considéré comme appartenant au mariage, tant qu'il n'aurait pas été jugé adultérin.

Or comme enfant légitime il ne trouve dans l'article précité que ce qu'il avait droit de réclamer.

Dans notre hypothèse, on n'a pas même dû le distinguer d'avec les autres enfans légitimes, puisque le défaut de réclamation de la part du mari de la mère exclut la supposition de la naissance hors mariage.

Que des époux malheureux l'un par l'autre aient été autrefois obligés de recourir à une séparation de corps; qu'ils aient depuis, chacun de leur côté, formé des liaisons nouvelles conformes à leur goût, et que, de ces liaisons passagères, il soit résulté de nouveaux êtres, la cause de leur naissance n'aura pu avoir l'odieux de l'adultère tant que le mari se sera abstenu de réclamer, et l'on sera fondé à croire que ces enfans sont le fruit du rapprochement des époux.

Le mariage n'aurait cessé d'avoir son effet que dans le cas où les époux l'auraient fait suivre de la prononciation du divorce, conformément aux art. 5 et 7 du §. 1er. de la loi du 20 septembre 1792 relative au divorce ; et le défaut de divorce est une nouvelle présomption de la légitimité de l'enfant.

Deuxième hypothèse.

L'enfant est-il né du commerce de l'homme séparé de corps avec une femme non mariée ? En ce cas il sera de plein droit adultérin du côté de son père, et en prouvant la filiation adultérine par titres et par témoins au désir de l'art. 8 de la loi du 12 brumaire, il aura droit à la succession de son père, ouverte antérieurement à cette loi, pour une portion semblable à celle d'un enfant légitime auquel l'art. 14 l'assimile à cet égard.

Si sa mère est morte dans le même temps, il aura aussi droit à sa succession en prouvant sa filiation ; mais alors son droit dans cette succession sera limité à un tiers de part à titre d'alimens, en conformité de l'art. 13 relatif aux adultérins.

Et si les successions des père et mère ne

se sont ouvertes que postérieurement à la loi du 12 brumaire, l'enfant adultérin sera tenu de se contenter des alimens accordés par le Code civil, liv. 3, art. 52, 53, 54.

Au-reste on peut appliquer ici ce qui a été dit ci devant, tit. 3, pour les enfans adultérins.

Troisième hypothèse.

Enfin si l'enfant est né du commerce de l'homme séparé de corps avec une femme mariée autre que la sienne, il sera réputé appartenir au mariage de la mère, faute d'avoir été jugé adultérin sur le désaveu et la poursuite du mari de celle-ci.

TITRE SIXIÈME.

De la puissance paternelle sur les enfans naturels.

La puissance paternelle est un droit qui donne au père et à la mère, pendant un temps limité, et sous certaines conditions, la surveillance de la personne de leur enfant, l'administration et la jouissance de ses biens.

Cette puissance, uniquement fondée sur la nature, ne reçoit de la loi civile qu'une confirmation. En conséquence le Code civil accorde au père et à la mère sur l'enfant naturel par eux reconnu, des droits semblables à ceux qui dérivent d'une union légitime.

Jusqu'à la majorité, cette puissance est, dans les mains des père et mère, un moyen de défense et de direction ; et si cette puissance appartient à l'un et à l'autre, la raison exige que le père seul puisse l'exercer, et que la mère ne commence à en jouir réellement qu'au décès du père.

Lors donc que l'enfant naturel a été légalement reconnu par le père et la mère, la puissance paternelle s'exerce par le père seul, et à la mort de celui-ci, par la mère.

Lorsque la reconnaissance n'a été faite que par l'un d'eux, celui-là qui a reconnu l'enfant est le seul à qui la puissance paternelle soit déférée.

Au défaut de père et de mère, la puissance paternelle est dévolue au tuteur, qui, en ce cas, supplée le père (Art. 462).

La puissance paternelle autorise celui qui l'exerce à donner ou à refuser le consentement au mariage de l'enfant naturel (V. le titre 8 ci-après).

Elle l'autorise aussi à émanciper l'enfant naturel, et à le guider dans l'acceptation des dons et legs, et dans ses dispositions. C'est une protection qui rentre dans la classe générale des drois de famille déterminés par le Code civil.

L'enfant, à tout âge, doit honneur et respect à ses père et mère. Il reste sous leur autorité jusqu'à sa majorité ou son émancipation. Ce principe, proclamé par les art. 365 et 366, s'applique aux enfans naturels reconnus, comme aux enfans de famille.

Le père qui aura des sujets de mécontentement très-graves sur la conduite de son enfant naturel reconnu, aura les moyens de correction suivans, établis art. 370 à 373, et Art. 377 et 462.

Si l'enfant est âgé de moins de 16 ans, le père pourra le faire détenir pendant un tems qui ne pourra excéder un mois; et, à cet effet, le président du tribunal d'arrondissement devra, sur sa demande, délivrer l'ordre d'arrestation.

Depuis l'âge de 16 ans jusqu'à la majorité ou l'émancipation, le père pourra seulement requérir la détention de son enfant pendant six mois au plus. Il s'adressera au président du même tribunal, qui, après en avoir conféré avec le commissaire du gouvernement, délivrera l'ordre d'arrestation ou le refusera, et pourra, dans le premier cas, abréger le tems de la détention requis par le père.

Il n'y aura, dans l'un et l'autre cas, aucune écriture ni formalité judiciaire, si ce n'est l'ordre même d'arrestation, dans lequel les motifs n'en seront pas énoncés. Mais le père se soumettra à payer tous les frais, et à fournir les alimens convenables.

Le père est toujours maître d'abréger la durée de la détention par lui ordonnée ou requise.

Si l'enfant, après sa sortie, tombe dans de nouveaux écarts, la detention pourra être de nouveau ordonnée par les mêmes voies.

Ces dispositions annoncent que le légilsateur a prévu que quelquefois les exemples, les exhortations d'un père, que les privations qu'il imposera, que les peines légères qu'il fera subir, seront inefficaces pour maintenir dans le devoir un enfant peu heureusement né, et pour corriger des inclinations perverses. Il appelle alors l'autorité publique au secours de la magistrature paternelle. Dans certains cas, le magistrat ne fait que sanctionner la volonté du père.

La loi règle le pouvoir du père par des considérations prises de l'âge de l'enfant et de sa situation.

Autant il est raisonnable de donner au père le droit de faire enfermer, de sa seule autorité et pour quelques jours, un enfant de douze ans; autant il serait injuste de lui abandonner et de laisser pour ainsi dire à sa discrétion, un adolescent qui annoncerait d'heureuses dispositions. Quelque confiance que méritent les pères, la loi ne doit pas toujours supposer que tous sont également bons et vertueux. C'est pourquoi le président et le commissaire du tribunal sont autorisés à peser les motifs d'un père qui veut faire enfermer un jeune homme au-dessus de 16 ans, et à refuser l'ordre d'arrêter, ou à fixer la durée de la détention.

TITRE SEPTIÈME.

De la tutelle et de l'émancipation des enfans naturels. De leurs dispositions en minorité.

SECTION I. *De la tutelle.*

Un enfant naturel mineur est, de plein droits, sous la tutelle de ses père et mère qui l'ont reconnu.

Le survivant des père et mère peut élire un tuteur. (art. 391).

Lorsque l'enfant naturel restera sans père ni mère, ni tuteur élu, il sera pourvu par un conseil de famille à la nomination d'un tuteur. (art. 399).

Ce conseil sera convoqué soit sur la requisition et à la diligence des parens ou amis du mineur, de ses créanciers, ou d'autres parties intéressées, soit même d'office et à la poursuite du juge de paix du domicile du mineur. Toute personne pourra dénoncer à ce juge de paix le fait qui donnera lieu à la nomination d'un tuteur. (art. 400).

Le conseil de famille sera composé, non compris le juge de paix, d'au moins six parens ou amis convoqués; il décidera à la majorité des voix. (art. 401 à 410).

Le tuteur agira et administrera, en cette qualité, du jour de sa nomination, si elle a lieu en sa présence; sinon du jour qu'elle lui aura été notifiée. (art. 412).

Dans toute tutelle, il y aura un subrogé-tuteur. Il sera nommé par le conseil de famille immédiatement après la nomination du tuteur. Ses fonctions consisteront à agir pour les intérêts du mineur, lorsqu'ils seront en opposition avec ceux du tuteur. Il ne remplacera pas de plein droit le tuteur, lorsque la tutelle deviendra vacante, ou qu'elle sera abandonnée par absence; mais il devra en ce cas provoquer la nomination d'un nouveau tuteur. Ses fonctions cesseront à la même époque que la tutelle. (art. 414, 416, 418, 419).

Le tuteur prendra soin de la personne du mineur, et le représentera dans tous les actes civils. (art. 444).

Il administrera ses biens en bon père de famille, et répondra des dommages-intérêts

intérêts qui pourraient résulter d'une mauvaise gestion (*ibid.*)

Il ne peut ni acheter les biens du mineur, ni les prendre à ferme, à moins que le conseil de famille n'ait autorisé le subrogé-tuteur à lui en passer bail, ni accepter la cession d'aucun droit ou créance contre son pupille. (*ibid*).

Dans les dix jours qui suivront sa nomination, dûment connue de lui, le tuteur requerra la levée des scellés, s'ils ont été apposés, et fera procéder immédiatement à l'inventaire des biens du mineur en présence du subrogé-tuteur. S'il lui est dû quelque chose par le mineur, il devra le déclarer dans l'inventaire, à peine de déchéance (art 445).

Dans le mois qui suivra la clôture de l'inventaire, le tuteur fera procéder à la vente publique et sur enchères, des meubles autres que ceux qu'il aurait été autorisé à conserver en nature (446).

Lors de l'entrée en exercice de la tutelle le conseil de famille réglera par aperçu et selon l'importance des bienr régis, la somme à laquelle pourra s'élever la dépense annuelle du mineur; ainsi que celle d'administration de ses biens.

Le même acte spécifiera si le tuteur est autorisé à s'aider, dans sa gestion, d'un ou plusieurs administrateurs particuliers, salariés et gérant sous sa responsabilité (art. 448).

Ce conseil déterminera positivement la somme à laquelle commencera, pour le tuteur, l'obligation d'employer l'excédent des revenus sur la dépense : cet emploi devra être fait dans le délai de six mois, passé lequel le tuteur devra les intérêts à défaut d'emploi. Et si le tuteur n'a pas fait déterminer par le conseil de famille la somme à laquelle doit commencer l'emploi, il devra, après les six mois, les intérêts de toute somme non employée, quelque modique qu'elle soit. (449, 450).

Le tuteur, même le père ou la mère ne peut emprunter pour le mineur, ni aliéner ou hypothéquer ses biens immeubles, sans y être autorisé par un conseil de famille (art. 451).

Cette autorisation devra être accordée en cas d'avantage évident.

Elle devra l'être aussi pour cause d'une nécessité absolue, lorsqu'il aura été consta- par un compte sommaire présenté par le tuteur, que les deniers, effets mobiliers et revenus du mineur sont insuffisans.

Dans tous les cas, le conseil de famille indiquera les immeubles qui devront être vendus, et toutes les conditions qu'il jugera utiles.

Mais les délibérations du conseil de famille relatives à cet objet, ne seront exécutées qu'après que le tuteur en aura demandé et obtenu l'homologation devant le tribunal de première instance, qui y statuera en la chambre du conseil, après avoir entendu le commissaire du gouvernement. (art. 452).

La vente se fera publiquement, en présence du subrogé-tuteur, aux enchères qui seront reçues par un membre du tribunal civil, ou par un notaire à ce commis, et à la suite d'affiches et de publications (art. 453).

Lorsqu'il s'agira d'une licitation provoquée par un propriétaire par indivis, il y sera procédé sur affiches et publications et à la chaleur des enchères, auxquelles les étrangers seront admis (art. 454).

L'acceptation d'une succession échue au mineur ne pourra être faite par le tuteur que sous bénéfice d'inventaire (art. 455).

La répudiation de la succession sera

faite avec l'autorisation du conseil de famille. Et si la succession n'est pas répudiée par un autre, elle pourra être reprise de la part du mineur. (art. 455, 456).

La donation faite au mineur pourra être acceptée par le tuteur avec l'autorisation du conseil de famille. (art. 457).

L'autorisation du conseil de famille est encore nécessaire au tuteur pour introduire en justice une action relative aux droits immobiliers du mineur, ou pour acquiescer à une demande relative aux mêmes droits (art. 458).

La même autorisation sera nécessaire au tuteur pour provoquer un partage; mais il pourra, sans cette autorisation, répondre à une demande en partage dirigée contre le mineur. Le partage sera fait en justice d'après la formation des lots par experts (459, 460).

Une pareille autorisation, à laquelle sera joint l'avis de trois jusisconsultes, sera nécessaire au tuteur pour transiger au nom du mineur, et la transaction sera homologuée en justice (461).

On a vu, tit. 6, que l'autorisation du conseil de famille est nécessaire au tuteur qui provoque la réclusion du mineur sur sa mauvaise conduite (462).

Tout tuteur est comptable de son administration lorsqu'elle finit : jusques-là il peut être assujetti à fournir des états de situation. (463, 464).

Le compte définitif de la tutelle sera rendu aux dépens du mineur, lorsqu'il aura atteint sa majorité, ou obtenu son émancipation (465).

Tout traité qui pourra intervenir entre le tuteur et le mineur devenu majeur, sera nul, s'il n'a été précédé de la reddition d'un compte détaillé et de la remise des pièces justificatives. (466).

Si le compte donne lieu à des contestations, elles seront poursuivies et jugées comme les autres contestations en matière civile (467).

La somme à laquelle s'élevera le reliquat dû par le tuteur, portera intérêt sans demande, à compter de la clôture du compte. (468).

Les intérêts de ce qui sera dû au tuteur par le mineur, ne courront que du jour de la sommation de payer qui aura suivi la clôture du compte (*id.*).

Toute action du mineur contre son tuteur relativement aux faits de la tutelle, se prescrit par dix ans à compter de la majorité. (469).

Section deuxième. *De l'Émancipation.*

L'enfant naturel mineur est, comme tous les autres mineurs, émancipé de plein droit par le mariage (Art. 470).

Lorsque le mineur a atteint l'âge de quinze ans révolus, il peut être émancipé par son père, ou, à défaut de père, par sa mère, par une déclaration faite devant le juge de paix (Art. 471).

Le mineur resté sans père ni mère, ne pourra être émancipé avant l'âge de 18 ans révolus. L'émancipation sera faite par acte du conseil de famille (472, 473).

Le compte de tutelle sera rendu au mineur émancipé, assisté d'un curateur qui lui sera nommé par le conseil de famille (474).

Le mineur émancipé passera les baux dont la durée n'excédera point neuf ans; il recevra ses revenus, en donnera décharge, et fera tous les actes qui ne sont que de pure administration, sans être restituable contre ces actes dans tous les cas où le majeur ne le serait pas lui-même. (475).

Il ne pourra intenter une action immobiliaire, ni y défendre ; même recevoir et donner décharge d'un capital mobilier, sans l'assistance de son curateur, qui, au dernier cas, surveillera l'emploi du capital reçu (476).

Le mineur émancipé ne pourra faire d'emprunts sous aucun prétexte, sans une délibération du conseil de famille, homologuée en justice (477).

Il ne pourra vendre ni aliéner ses immeubles, ni faire aucun acte, autre que ceux de pure administration, sans observer les formes prescrites au mineur en tutelle (478).

Les obligations que le mineur émancipé aurait contractées par voie d'achat, ou autrement, seront réductibles en cas d'excès. Les tribunaux prendront à ce sujet en considération la fortune du mineur, la bonne ou mauvaise foi des personnes qui auront contracté avec lui, l'utilité ou l'inutilité des dépenses. Mais d'après la réduction, le mineur pourra être privé du bénéfice de l'émancipation et être remis en tutelle pour y rester jusqu'à sa majorité. (478, 479, 480).

Le mineur émancipé qui fait un commerce, est réputé majeur pour les faits relatifs à ce commerce. (481).

SECTION TROISIÈME. *Des dispositions des enfans naturels mineurs.*

Le mineur âgé de moins de 16 ans ne peut aucunement disposer, si ce n'es en se mariant et avec l'autorisation de ses père, mère ou tuteur. (Liv. 3, art. 193).

Le mineur parvenu à l'âge de 16 ans ne peut disposer que par testament et jusqu'à concurrence seulement de la moitié des biens dont la loi permet au majeur de disposer. (Art. 194).

Le mineur, quoique parvenu à l'âge de 16 ans, ne pourra, même par testament, diposer au profit de son tuteur. (Art. 197).

Le mineur devenu majeur ne peut disposer, soit par donation entre-vifs, soit par testament, au profit de celui qui aura été son tuteur, si le compte définitif de tutelle n'a été préalablement rendu et appuré (ibid).

On n'excepte, dans ces deux cas, que les ascendans qui sont ou ont été tuteurs de ce mineur (*ibid*).

TITRE HUITIÈME.

Du mariage des enfans naturels.

Le mariage est la société de l'homme et de la femme qui s'unissent pour perpétuer leur espèce, pour s'aider, par des secours mutuels, à porter le poids de la vie, et pour partager leur destinée commune.

La véritable époque du mariage pour les garçons est l'âge de 18 ans; et pour les filles celui de quinze, sauf les dispenses qui pourront être accordées par le gouvernement (Liv. 1, art. 144, 145).

Trois choses à remarquer pour le mariage des enfans naturels : 1°. les prohibitions; 2°. Le consentement des père mère ou tuteur; 3°. et l'action en nullité de mariage.

SECTION Ire. *Des prohibitions de mariage.*

Les prohibitions de mariage des enfans naturels sont limitées aux ascendans, aux descendans, aux frères et sœurs, et au alliés dans ces différens degrés (Ar 155, 156).

Dans tous les tems le mariage a été prohibé entre les enfans et les auteurs de leurs jours. Il serait souvent inconciliable avec les lois physiques de la nature ; il le serait toujours avec les lois de la pudeur ; il changerait les rapports essentiels qui doivent exister entre les pères, les mères et leurs enfans ; il répugnerait à leur situation respective, il bouleverserait entr'eux tous les droits et tous les devoirs ; il ferait horreur.

Ce que nous disons des père et mère et de leurs enfans légitimes et naturels, s'applique en ligne directe aux ascendans et descendans et alliés naturels et légitimes.

L'horreur de l'inceste du frère avec la sœur, et des alliés au même dégré, dérive du principe de l'honnêteté publique. La famille est le sanctuaire des mœurs ; c'est là où l'on doit éviter avec soin tout ce qui peut les corrompre. Le mariage n'est sans doute pas une corruption ; mais l'espérance du mariage entre des êtres qui vivent sous le même toit, et qui sont déjà invités par tant de motifs à se rapprocher et à s'unir, pourrait allumer des désirs criminels et entraîner des désordres qui souilleraient la maison paternelle, en banniraient l'innocence, et poursuivraient ainsi la vertu jusques dans son dernier asile.

On n'a pas cru devoir étendre la prohibition relative aux enfans naturels jusqu'aux oncles, tantes et cousins-germains, parce-que la *parenté* des enfans naturels ne va pas jusque-là. Il est un autre genre de prohibition qui dérive de l'adoption.

Le Code civil, liv. 1, art. 342, prohibe le mariage entre l'adoptant, l'adopté et ses descendans; entre les enfans adoptifs du même individu; entre l'adopté et les enfans qui pourraient survenir à l'adoptant; entre l'adopté et le conjoint de l'adoptant. L'enfant qui naîtrait de ces individus serait nécessairement adultérin par l'effet de la prohibition de mariage.

SECTION DEUXIÈME, *Du consentement des père, mère ou tuteur au mariage.*

Le consentement des père et mère est nécessaire pour le mariage du fils naturel qu'ils ont reconnu, et qui n'a pas atteint l'âge de 25 ans, et pour celui de la fille naturelle reconnue qui n'a pas atteint sa 21e. année.

En cas de dissentiment le consentement

du père suffit. Ce consentement suffira encore si la mère n'est point reconnue, ou si, étant reconnue elle se trouve par maladie, absence ou autrement, dans l'impossibilité de manifester sa volonté.

Si le père est mort, ou s'il n'a point fait de reconnaissance, ou si, étant reconnu légalement, il se trouve dans l'impossibilité de faire connaître sa volonté, le consentement de la mère reconnue sera suffisant.

L'enfant naturel non reconnu, ou celui reconnu dont les père et mère ne pourraient manifester leur volonté, ne peut, avant l'âge de 21 ans révolus, se marier qu'après avoir obtenu le consentement d'un tuteur *ad hoc* qui lui sera nommé.

La nécessité du consentement, reconnue par les lois anciennes et nouvelles, est fondée sur l'amour des parens, sur leur raison et sur l'incertitude de celle de leurs enfans (Art. 148, 150 et suiv.).

La raison indique que c'est, non une vaine puissance accordée au père, mais l'intérêt des enfans qui doit motiver la nécessité du consentement paternel. En conséquence, le législateur a cru que l'intérêt des enfans naturels, lorsqu'ils sont reconnus et peuvent nommer un père certain, n'était pas indigne de fixer sa sollicitude.

Sans doute il serait contre les bonnes mœurs que les enfans nés d'un commerce illicite eussent les mêmes prérogatives que les enfans nés d'un mariage légitime; mais l'abandon absolu des enfans naturels serait contre l'humanité.

Ces enfans n'appartiennent à aucune famille, mais ils appartiennent à l'état : l'état a donc intérêt à les protéger.

D'autre part, on ne doute pas que les pères naturels ne soient obligés d'élever leurs enfans reconnus, de les entretenir et de les nourrir : or le consentement paternel au mariage des enfans ne fait-il pas partie de la tendre sollicitude que l'on doit apporter à leur entretien, à leur éducation, à leur établissement? La nécessité de ce consentement, qui est fondée sur des raisons naturelles, ne saurait donc être plus étrangère aux enfans naturels qu'aux enfans légitimes : de-là le Code a appliqué aux uns et aux autres les dispositions relatives à la nécessité de ce consentement.

Cependant, comme les enfans naturels n'appartiennent à aucune famille, on ne leur a point appliqué la mesure par laquelle on appelle les ayeux, et ensuite les assemblées de parens, après le décès des père et mère. On eût placé dans des mains peu sûres l'intérêt de ces enfans, en les confiant à des familles dont ils sont plutôt la charge qu'ils n'en sont une portion. Cependant comme il faut veiller pour eux, on leur nomme, dans les cas prévus, un tuteur spécial, chargé d'acquitter à leur égard la dette de la nature et de la patrie.

Quand les enfans, soit naturels, soit légitimes, sont arrivés à leur majorité, ils deviennent eux-mêmes les arbitres de leur propre destinée; leur volonté suffit : ils n'ont besoin du concours d'aucune autre volonté. Il est pourtant vrai que pendant la vie des père et mère, les enfans majeurs sont encore obligés de s'adresser à eux pour requérir leur consentement, quoique la loi eût déclaré qu'il n'était plus nécessaire. Il est utile aux mœurs de maintenir cette espèce de culte rendu par la piété filiale au caractère de dignité que la nature elle-même semble avoir imprimé sur ceux qui sont pour nous l'image et même les ministres du créateur (Art. 151, 152).

Section 3ᵉ. et dernière. *De l'action en nullité du mariage.*

Le mariage contracté sans le consentement exigé par la loi, peut être attaqué soit par les époux eux-mêmes, soit par tous ceux qui y ont intérêt, soit par le ministère public(Art. 178).

Il est naturel d'ouvrir l'action en nullité de mariage, aux père, mère, ou tuteur dont le consentement était nécessaire. Ceux-ci vengent leur propre injure en exerçant cette action. La loi requérait leur intervention dans le mariage, pour l'utilité même des époux. Ils satisfont au vœu de la loi, en cherchant à réparer par la voie de la cassation le mal qu'ils n'ontpu prévenirparlesvoies plus douces d'une tendre surveillance. Que deviendrait la loi qui exige la nécessité du consentement des parens, si ceux-ci ne pouvaient la réclamer quand elle est violée?

On a cru juste d'accorder aux enfans à qui le consentement des père, mère ou tuteur était nécessaire, le droit de faire annuller leur propre mariage par la considération du défaut de ce consentement. En général il est permis à tous ceux qui ont contracté une obligation vicieuse, de réclamer contre leur engagement, et sur-tout lorsqu'ils l'ont contracté pendant leur minorité. L'intérêt des parties est la mesure de leur action ; et si l'on reçoit favorablemen les plaintes d'un mineur qui prétend avoir été surpris dans une convention peu importante, on doit avec plus de justice, lui accorder la même faveur, lorsqu'il demande à être restitué contre l'aliénation qu'il a faite de tous ses biens et de sa personne.

Mais l'action en nullité provenant du défaut de consentement des parens, ne peut plus être intentée ni par les époux, ni par les personnes dont le consentement était requis, toutes les fois que le mariage a été approuvé expressément ou tacitement par ceux dont le consentement était nécessaire, ou lorsqu'il s'est écoulé une année sans réclamation de leur part depuis qu'ils ont eu connaissance du mariage. Elle ne peut être intentée non plus par l'époux, lorsqu'il s'est écoulé une année sans réclamation de sa part depuis qu'il a atteint l'âge compétent pour consentir par lui-même au mariage (art. 177).

Le ministère public peut s'élever d'office contre un mariage infecté de nullités appartenantes au droit public : l'objet de ce magistrat doit être de faire cesser le scandale d'un tel mariage, et de faire prononcer la séparation des époux. Mais cette censure ne peut pas avoir une étendue qui la rendrait oppressive et qui la ferait dégénérer en inquisition. Le ministère public ne doit se montrer que quand le vice du mariage est notoire, quand il est subsistant, ou quand une longue possession n'a pas mis les époux à l'abri des recherches directes du magistrat. Il y a souvent plus de scandale dans les poursuites indiscrètes d'un délit obscur, ancien, ou ignoré, qu'il n'y en a dans le délit même (Art. 156. 184).

TITRE NEUVIÈME.

De la successibilité réciproque entre les enfans naturels et les parens de leurs père et mère.

Par extension du droit de successibilité accordé en ligne directe, aux enfans naturels, par la loi du 4 juin 1793, il a été réglé par l'article 9 de la loi du 12

» brumaire an 2, qu'à compter *de ce jour*
» il y aura successibilité réciproque entr'eux
» et leurs parens collatéraux, à défaut d'hé-
» ritiers directs ».

Dans cet article, il y avait une erreur de rédaction : le droit de successibilité en collatérale devait avoir lieu, non pas à dater du jour où la loi avait été décrétée, mais du jour de sa promulgation. Cette erreur a été rectifiée par l'art. 4 de la loi explicative du 15 thermidor an 4.

Au surplus ce droit de successibilité en collatérale a été subordonné au Code civil. On n'en saurait douter à l'aspect de l'art. 10 de la loi du 12 brumaire portant « qu'à
» l'égard des enfans nés hors mariage dont
» le père et la mère seront encore existans
» lors de la promulgation du Code civil
» leur état et *leurs droits seront en tous*
» *points* réglés par les dispositions du
» Code ». C'est ce qui a été déclaré surabondamment par la loi du 14 floréal an 11 qui ramène au Code civil tous les droits et toutes les prétentions sur les successions ouvertes depuis l'an 2.

Cependant la loi du 16 thermidor an 4, a réglé, art. 4, que le droit de successibilité réciproque entre les enfans naturels et les parens de leurs père et mère, n'aurait d'effet que par le décès des père et mère, postérieur à la loi du 4 juin 1793 et seulement sur les successions ouvertes depuis la loi du 12 brumaire an 2.

On s'est plaint de ce que cette disposition restreignait le droit de successibilité au cas où les père et mère des enfans naturels ne seraient décédés que depuis la loi du 4 juin. On a reconnu que cette condition avait pu être exigée pour l'avenir, mais qu'elle comportait pour le passé dans les successions directes et collatérales ouvertes dans l'intervalle de la loi du 12 brumaire à celle du 15 thermidor, un effet rétroactif qu'il importait de faire cesser.

En conséquence la loi du 2 ventôse an 6 a déclaré, art. 1er., que les enfans naturels, et, à leur défaut, leurs enfans et descendans, avaient été appelés à recueillir soit immédiatement de leur chef, soit par représentation de leurs père et mère, les successions directes et collatérales ouvertes depuis la loi du 12 brumaire jusqu'à celle du 15 thermidor, quoique leurs père et mère fussent morts avant le 4 juin 1793.

Par les articles 2 et 3 les dispositions contraires existantes dans les lois antérieures sont rapportées, et il est ordonné que les jugemens y relatifs seront comme non avenus.

Jusqu'à l'émission du Code civil, les tribunaux ont retenti de réclamations qui provenoient de l'indétermination des droits de successibilité.

Le Code civil a tranché les difficultés.

Le livre 3, art. 46 règle que les enfans naturels reconnus ne sont point héritiers; qu'ils ont des droits sur les successions de leurs père et mère, mais qu'ils n'en ont *aucun sur les biens des parens de leurs père et mère.*

L'enfant naturel a droit, par l'art. 48, à la totalité des biens de ses père et mère à défaut d'héritiers légitimes. Par là il se trouve placé immédiatement au-dessous des collatéraux.

En cas de prédécès de l'enfant naturel, ses descendans sont investis de ses droits. (art. 49).

La succession de l'enfant naturel décédé sans postérité est dévolue (art. 55) au père ou à la mère qui l'a reconnu ou par moitié à tous les deux, s'il a été reconnu par l'un et par l'autre. *Ses collatéraux* retrouvent ensuite ses biens dans les successions de ses père et mère.

Si les père et mère meurent avant l'enfant naturel, les biens qu'il avait reçus d'eux passent aux frères et sœurs légitimes, s'ils se retrouvent en nature dans sa succession. Les actions en reprise, s'il en existe, ou le prix de ses biens aliénés, s'il est encore dû, retournent également aux frères et sœurs légitimes. (art. 56.)

Tous les autres biens passent aux frères et sœurs naturels, ou à leurs descendans. *ibid.*

Voilà à quoi s'est réduite la successibilité réciproque en collatérale décrétée par la loi d 12 brumaire.

Cette successibilité est réglée par le Code civil tant pour l'avenir que pour le passé, à remonter jusqu'à la même loi du 12 brumaire.

Le Code civil n'a pu à cet égard agir sur le passé, sans rencontrer des obstacles; mais la loi du 14 floréal an 11 a levé ces obstacles. L'article 1er. renvoie expressément au Code tous les droits des enfans naturels ouverts depuis la loi du 12 brumaire. L'article 2 assujettit au Code les dispositions entre-vifs ou testamentaires qui auraient été faites aux enfans naturels depuis la même époque. L'article 3 maintient les conventions et jugemens qui auraient fixé les droits de plusieurs d'entr'eux.

Tout ce qui vient d'être dit s'applique exclusivement aux enfans nés hors mariage de personnes libres, et aux parens de leurs père et mère.

Le droit de successibilité dont il s'agit n'a jamais pu s'étendre aux enfans adultérins et incestueux, parce-que les droits de famille ont été interdits à ceux-ci à cause du vice de leur naissance. Ils ont été réduits à de simples alimens qui n'ont point et n'ont jamais eu le caractère d'un droit de successibilité quelconque.

TITRE DIXIÈME.

Des successions des enfans naturels.

Avant la loi du 4 juin 1793, les successions des enfans naturels morts sans postérité, étaient dévolues aux conjoints survivans, et, à défaut de conjoints, au fisc.

Cette loi et celles qui l'ont suivie ont

établi un autre ordre de succession qui fait l'objet de ce titre.

Nous allons nous occuper d'abord des successions des enfans nés hors mariage de personnes libres, et ensuite, des successions des enfans adultérins et incestueux.

Section I.re *Des successions des enfans nés hors mariage de personnes libres.*

Comment seront réglées celles ouvertes dans l'intervalle de la loi du 4 juin 1793, à celle du 12 brumaire an 2? et celles ouvertes depuis cette dernière loi?

§. 1. *Des successions ouvertes dans l'intervalle des deux lois.*

Ces successions sont dévolues aux descendans; à leur défaut aux père et mère; à défaut de ceux-ci, au conjoint survivant, et à défaut de conjoint, au fisc.

1.° Ces successions sont dévolues aux descendans.

Les enfans naturels sont chefs de famille lorsqu'ils ont des descendans légitimes.

Leurs successions appartiennent donc à leurs descendans suivant les loix générales sur la manière de succéder en ligne directe descendante.

Ce droit de successibilité a été proclamé par l'art. 16 de la loi du 12 brumaire an 2, portant que les enfans et descendans d'individus nés hors mariage représenteront leurs père et mère dans les successions des auteurs de ceux-ci.

Le même droit a été maintenu par l'art. 4 de la loi du 15 thermidor an 4, et par la loi du 2 ventôse an 6, où les descendans de l'enfant naturel sont appelés à le représenter dans l'exercice des droits qui lui étaient acquis.

2.° A défaut de descendans, la succession de l'enfant naturel est dévolue à ses père et mère.

Le droit de successibilité des père et mère à l'enfant naturel décédé sans postérité, est une conséquence nécessaire de l'assimilation illimitée de l'enfant naturel à l'enfant légitime, faite par l'art. 2 de la loi du 12 brumaire et fondée sur la successibilité réciproque en ligne directe.

En effet, l'enfant naturel ayant été placé sur la même ligne que l'enfant légitime, sa succession n'a pû être réglée autrement que celle d'un enfant légitime. Or dans celle-ci les père et mère succèdent de plein droit à défaut de descendans.

3.°

3.° A défaut de descendans, et à défaut de père et mère, la succession de l'enfant naturel est dévolue au conjoint survivant non divorcé.

On peut appliquer ici la disposition de la loi domaniale du 1er. septembre 1790, portant, §. 1, art. 4, que le conjoint survivant pourra succéder à défaut de parens, même dans les lieux où la loi territoriale a une disposition contraire.

4.° Enfin, à défaut de conjoint survivant, la succession est échue à la république, en vertu de l'article 3 du même paragraphe, portant que tous les biens et effets, meubles ou immeubles demeurés vacans et sans maîtres, et ceux des personnes qui décèdent sans héritiers légitimes, ou dont les successions sont abandonnées, appartiennent à la nation.

§. 2. *Des successions ouvertes depuis la loi du 12 brumaire an 2.*

Ces successions sont reglées par le livre 3 du Code civil, qui non-seulement a son effet pour l'avenir, mais sert en même tems de loi declarative pour le passé à remonter jusqu'à la loi du 12 brumaire an 2.

Or, suivant l'art. 13 de ce livre, la succession de l'enfant naturel appartient de plein droit à ses descendans légitimes.

A leur défaut, sa succession est dévolue par l'art. 55 au père ou à la mère qui l'avait reconnu, ou par moitié à tous les deux s'il avait été reconnu par l'un et par l'autre.

En cas de prédécès de ses père et mère, les biens qu'il en avait reçus passent à ses frères ou sœurs légitimes, s'ils se retrouvent en nature dans sa succession. Les actions en reprise, s'il en existe, ou le prix restant dû de ses biens aliénés retournent également aux frères et sœurs légitimes. (art. 56).

Tous ses autres biens passent, dans le même cas, à ses frères et sœurs naturels, ou à leurs descendans. (*ibid*).

Si l'enfant naturel mort sans postérité n'avait pas été reconnu, il ne peut avoir d'héritiers.

A defaut d'héritiers, sa succession appartient au conjoint survivant non divorcé. (art. 57).

Et à defaut de conjoint survivant, la succession est acquise à la république (art. 58).

Lorsque la république s'abstient de la reclamer comme plus onéreuse que profitable, il y a vacance; alors le tribunal de première instance dans l'arrondissement duquel elle est ouverte, nomme un curateur sur la demande des personnes intéressées, ou sur la requisition du commissaire du gouvernement. (art. 101 et suiv.).

SECTION 2e. *Des successions des enfans adultérins et incestueux.*

L'enfant adultérin ou incestueux étan d'un degré très-inférieur à l'enfant né hors mariage de personnes libres, ne peut avoir les mêmes droits.

Comme celui-ci, il peut laisser sa succession à ses descendans légitimes et à ses enfans naturels; mais il ne peut, comme lui, avoir pour héritiers des père et mère, ni des frères et sœurs légitimes et naturels. La raison en est que la tache imprimée sur sa naissance ne lui permet pas d'être reconnu, et qu'il est toujours étranger aux familles de ses père et mère.

Si, avant la promulgation du Code civil, l'enfant adultérin ou incestueux avai été reconnu par ses père et mère ou par l'un d'eux, la reconnaissance serait dans ses mains un titre pour obtenir des alimens et non un droit de successibilité pour ses père et mère et leurs descendans.

Il en serait de même dans le cas où, par suite d'une instruction juridique sur recherche de maternité, un jugement aurait fait connaître les père et mère de l'enfant adultérin ou incestueux. Ce jugement serait pour lui un titre d'alimens, mais il ne pourrait conférer aux père et mère ni à leurs descendans aucun droit à sa succession.

Si donc l'enfant adultérin ou incestueux ne laisse point de descendans légitimes ni naturels, sa succession appartiendra au conjoint non divorcé qui lui aura survécu; à défaut de conjoint survivant, la succession sera dévolue à la république; en cas de vacance il y sera nommé un curateur, ainsi qu'il est dit en la section précédente.

TITRE ONZIÈME.

De la rétroactivité abolie des droits de successibilité des enfans naturels.

On se rappelle que les enfans naturels ont été habilités, par la loi du 4 juin 1793, à succéder à leurs père et mère dans la forme qui serait déterminée.

Cette loi n'a dû avoir d'effet que pour l'avenir.

Le mode de successibilité déterminé par celle du 12 brumaire an 2, se reportait nécessairement à la précédente, puisqu'il en était l'explication. S'il agissait sur le passé, ce n'était que pour régler l'intervalle écoulé entre les deux lois; mais il ne pouvait remonter à un tems antérieur pour lequel il n'existait point de droits de successibilité en faveur des enfans naturels.

Cependant la loi du 12 brumaire, art. 1er, a déclaré que les enfans naturels seraient admis aux successions de leurs père et mère ouvertes depuis le 14 juillet 1789.

Cette rétroactivité a été repétée dans d'autres lois relatives aux donations et aux successions. Le motif était qu'à l'époque du 14 juillet 1789 où notre révolution avait éclaté par la prise de la bastille à Paris, le principe de l'égalité et toutes les conséquences qui en dérivaient, avaient été implicitement proclamés dans cette capitale.

Cette rétroactivité a donné lieu à une multitude de recherches de la part d'enfans naturels relativement à des successions ouvertes postérieurement au 14 juillet 1789.

Mais on a réclamé contre cette rétroactivité, et il a été reconnu que dans ce cas comme dans tout autre, elle était contraire à tout principe de législation; que les lois existantes ne pouvaient être abrogées que par des lois nouvelles, promulguées suivant les formes établies; que tout ce qui avait été fait sous l'autorité des anciennes lois était garanti par elles, et que si la garantie de la loi était sans effet, il n'y aurait plus rien de stable dans l'ordre social. On a donc soutenu que les successions ouvertes antérieurement à la loi du 4 juin 1793 appartenaient à ceux auxquels elles se trouvaient déférées par les lois pré-existantes, et que les enfans naturels n'y ayant point été appelés, n'avaient pas le droit de les revendiquer.

Ces raisons ont prévalu. En conséquence l'effet rétroactif a été aboli par l'art. 13 de la loi du 3 vendémiaire an 4.

Mais, comme la rétroactivité n'existait qu'à remonter de la loi du 4 juin 1793, et comme l'abolition comprenait l'intervalle de cette loi à celle du 12 brumaire, de nouvelles réclamations se sont élevées contre cette dernière disposition, attendu que la successibilité ayant été décrétée en principe par la loi du 4 juin, les enfans naturels ne pouvaient être privés de leurs droits dans les successions directes échues depuis cette époque.

Ces dernières réclamations ont donné lieu à la loi du 15 thermidor an 4, portant, art. Ier. que le droit de succéder à leurs père et mère, accordé aux enfans nés hors mariage par la loi du 4 juin 1793, n'aura d'effet que sur les successions échues postérieurement à la publication de la même loi et que l'effet rétroactif attribué à ce droit par l'art. Ier. de la loi du 12 brumaire an 2, est aboli.

Delà il résulte que les enfans naturels

ne peuvent avoir aucun droit sur les successions ouvertes antérieurement à la publication de la loi du 4 juin 1793; qu'ils sont déchus de tout ce qui leur a été attribué, et qu'ils sont obligés de restituer tout ce dont ils s'étaient emparés en vertu des dispositions rétroactives, sauf les retenues légales.

Ces règles d'exécution de l'abolition de la rétroactivité ont été établies et rendues praticables par l'art. 2 de la même loi du 15 thermidor an 4, en conformité des dispositions de la loi du 3 vendémiaire précédent, relatives à l'abolition de l'effet rétroactif qui avait été aussi donné aux lois concernant les donations et successions.

Elles sont au nombre de sept.

I.re *Règle.* Si les enfans naturels déchus ont aliéné ou hypothéqué avant la promulgation de la loi du 3 vendémiaire an 4, quelques immeubles à eux échus par la rétroactivité, l'article Ier. de cette loi veut que les tiers de bonne foi qui ont traité avec eux sous la garantie de la loi existante alors, ne puissent point souffrir de son abolition, et que ces sortes d'engagemens produisent tout leur effet, sauf le recours des héritiers contre l'enfant naturel déchu.

Mais toutes aliénations, hypothèques et dispositions de ces biens à titre onéreux ou gratuit, postérieures à la promulgation de la loi du 3 vendémiaire, sont nulles; parce qu'à cette époque la rétroactivité était abolie.

2e. *Règle.* L'enfant naturel déchu est dis-dispensé, par l'art. 2 de la loi du 3 vendémiaire, de restituer les fruits par lui perçus avant la publication de la même loi, parce qu'il a joui de bonne foi, et parce qu'il est de règle que le possesseur de bonne foi fait les fruits siens.

3e. *Règle.* Les héritiers légitimes qui ont été dépouillés en tout ou partie par l'enfant naturel, sont tenus de recevoir les biens par lui recueillies dans l'état où ils se trouvent. La raison en est que celui qui jouit comme propriétaire n'est pas obligé d'entretenir comme le possesseur qui jouit pour autrui. (art. 3).

Il faut excepter néanmoins l'abattis de bois de haute futaie, parce que cette sorte de bois est le produit d'un grand nonbre d'années, et que sa coupe anticipée diminue de beaucoup la valeur du fonds : aussi le même article conserve-t-il à cet égard l'action des héritiers rappelés.

4°. *Règle.* L'enfant naturel déchu, qui a vendu quelques-uns des objets tombés dans son lot, doit tenir compte aux héritiers rappelés, du prix qu'il en a tiré, ou de leur valeur au tems où il les a recueillis, s'ils sont sortis de ses mains autrement qu'à titre onéreux. En ce cas les héritiers retablis sont autorisés (art. 4) à exercer toutes actions nécessaires au lieu et place de l'enfant naturel.

5°. *Règle.* Si l'enfant naturel déchu a fait des améliorations dans les biens qu'il se trouve obligé de rendre ; s'il a acquitté des charges autres que celles affectées à la simple jouissance, il en doit être indemnisé par les héritiers, parce que dans le fait il se trouve avoir amélioré leur chose, quoiqu'il ne comptât travailler que pour lui-même : il doit pareillement lui être fait raison de tous les frais et deboursés par lui faits relativement au partage auquel il avait été admis par a retroactivité de la loi. (art. 6).

6°. *Règle* L'enfant naturel déchu est

autorisé, art 7, à donner en paiement des restitutions auxquelles ils est obligé, soit le prix même des objet q'il avait légitimement aliénés, soit les contrats et créances qu'il justifiera résulter du placement des deniers provenant des partages annulés, sans garantie de la solvabilité des débiteurs.

7e. *et dernière Règle.* Les lois antérieures à celle du 4 juin 1793, relatives aux divers modes de transmission des biens, doivent être exécutées chacune à compter du jour de sa publication. (art 12).

Mais il couvenait d'accorder un allégement aux enfans naturels obligés de restituer; et il y a été pourvu par l'art. 3 de la loi du 15 thermidor an 4. Ils y sont autorisés à jouir à titre d'alimens, sur les successions de leurs père et mère, d'une pension égale au revenu du tiers de la portion qu'ils auraient prise s'ils etaient nés dans le mariage. Les donations et autres avantages à eux faits par leurs père et mère doivent entrer en compensation de ce tiers, les fruits et revenus exceptés.

Cette disposition est fondée sur ce que la déchéance a eu pour cause la recti fication d'une erreur de législation, et que, s'agissant de successions ouvertes avant le droit nouveau, les enfans naturels ne pouvaient y prétendre que des alimens.

TITRE DOUZIÈME
ET DERNIER.

Des actions relatives à l'état et aux droits des enfans naturels.

Quelles sont ces actions ? quels tribunaux doivent en connaître ? c'est ce qu'il faut examiner.

SECTION Ire. *Des actions.*

Les enfans naturels n'agissent ordinairement que pour obtenir des alimens pendant la vie leurs père et mère, et pour prendre part dans leurs successions.

Lorsqu'ils se présentent armés d'une reconnaissance légale, ou d'un titre spécial, leur état et leurs droits ne doivent point éprouver de difficultés à moins que leurs titres ne soient attaqués avec des moyens capables de les écarter.

Mais lorsqu'ils sont dénués de titres

ils peuvent se pourvoir pour faire juger leur état dans les cas prévus par les lois.

Par exemple l'enfant né hors mariage de personnes libres peut réclamer son état, soit en cas de perte de la reconnaissance de ses père et mère, soit en recherchant la paternité par suite d'un enlèvement, soit en recherchant la maternité, d'après un commencement de preuve par écrit.

Il peut encore réclamer son état en prouvant sa filiation relativement aux successions de ses père et mère ouvertes dans l'intervalle de la loi du 4 juin 1793, à celle du 12 brumaire an 2.

L'enfant adultérin ou incestueux peut réclamer son état soit relativement aux successions de ses père et mère ouvertes dans le même intervalle, soit lorsqu'il a été reconnu par ses père et mère antérieurement au Code civil, soit enfin lorsque sa recherche de maternité aura fait découvrir sa filiation adultérine ou incestueuse.

Au surplus l'enfant naturel est obligé, comme les autres citoyens, de se conformer aux lois des 6 fructidor an 2 et 11 germinal an 11, qui défendent aux français de porter d'autres noms et prénoms que ceux exprimés dans les actes de naissance, sauf aux particuliers qui ont quelque raison de changer de nom, à en adresser la demande motivée au gouvernement, qui prononcera dans la forme prescrite pour les réglemens d'administration publique.

Néanmoins, il semble que la reconnaissance du père peut transmettre son nom à l'enfant naturel. Lorsque celui-ci n'a pas été reconnu par son père, mais l'a été par sa mère, il peut de même porter le nom de la mère. Mais hors le cas de la reconnaissance volontaire, lorsqu'elle est admissible, l'enfant naturel ne peut porter d'autres nom et prénoms que ceux énoncés dans l'acte de naissance qui fixe son état civil.

Les enfans naturels non légitimés, mais reconnus, et les enfans adultérins et incestueux ne peuvent pas être adoptés par leurs père et mère ou par l'un des deux, 1.° parce qu'on ne peut adopter ses propres enfans, mais seulement ceux d'autrui pour se consoler de ce qu'on n'en a point à soi, 2.° parce qu'il y aurait de l'immoralité à se servir de l'adoption pour élever un enfant naturel au rang d'un enfant légitime, et pour le faire succéder à ses père et mère à l'exclusion des ascendans et des collatéraux, 3.° enfin parce que ce serait transgresser les dispositions du Code civil qui interdisent aux enfans naturels les droits d'enfans légitimes et d'héritiers de leurs père et mère, et qui les restreignent à des alimens sur leur succession.

Quant à l'enfant naturel qui n'est point légalement reconnu ni jugé appartenir à l'individu qui se présente pour l'adopter, il est réputé étranger à celui-ci, et comme tel il peut être adopté par lui à l'instar d'un orphélin ou d'un indigent.

Pour ne point nous répéter, nous renvoyons à ce que nous avons dit à ce sujet dans notre traité de l'adoption.

Rien de plus favorable qu'une action légitime en réclamation d'état. Les règles en sont tracées art. 321, 322, 323, et 324 du livre 1.er du Code civil pour les enfans en général, et elles ont été appliquées aux enfans naturels par la loi du 14 floréal an 11. Les voici.

L'action en réclamation d'état est imprescriptible.

La prescription est fondée sur l'intérêt public qui exige que les propriétés ne restent pas incertaines.

Il ne s'agit pas ici d'une simple propriété : l'état civil affecte la personne et les biens : c'est un intérêt qui doit l'emporter sur tous les autres.

Pour que l'état civil cesse d'être incertain, il faut que l'on puisse toujours agir utilement pour le fixer.

Mais la même faveur ne doit pas s'étendre aux héritiers de l'enfant naturel parce que son état civil n'avait rien de commun avec le leur.

Si l'action a été intentée par l'enfant naturel, les héritiers la trouvent au nombre des droits qu'ils ont à exercer dans sa succession.

Il n'en sera pas de même, si l'on peut induire de la conduite de l'enfant naturel qu'il n'ait pas r u avoir des droits, ou s'il s'était désisté de ces droits. Dans ces cas les héritiers ne doivent plus être admis à réclamer,

Il n'y aura aucun doute à cet égard si l'enfant naturel, après avoir intenté son action, s'en est formellement désisté.

L'intention de se désister sera présumée respectivement aux héritiers, si l'enfant naturel a laissé trois années s'écouler sans donner suite à la procédure commencée.

Il sera de même réputé n'avoir jamais eu l'intention de réclamer, s'il est mort sans l'avoir fait, après cinq années expirées de sa majorité.

Dans tous ces cas, l'action ne pourra être intentée par ses héritiers.

C'est ainsi que les lois nouvelles ont cherché à concilier l'intérêt de ceux qui réclament leur état, et l'intérêt des familles. Il n'est point de demande plus admissible que celle d'un enfant naturel qui veut recouvrer son état civil. Mais aussi les exemples d'enfans qui se trouvent injustement dans cette position malheureuse, sont moins nombreux que les exemples d'individus troublant injustement le repos des familles : il y a plus de gens excités par la cupidité, qu'il n'y a de mauvais parens.

La suppression d'état peut donner lieu à deux actions. La première est une action civile qui a pour objet l'admission ou le rejet de la réclamation d'état. La seconde, qui ne peut être intentée qu'après que l'autre aura été vuidée, est une action criminelle tendante à faire appliquer, s'il y a lieu, la disposition du code criminel décrété le 25 septembre 1791, portant, tit. 2, sect. 1re, art. 32, que « quiconque sera convaincu d'avoir volontairement détruit la preuve de l'état civil d'une personne, sera puni de douze années de fers. »

S'il ne s'agit que d'un émargement ou d'une rectification, il y sera procédé à la requête de l'enfant naturel ou autres parties intéressées, sans toutes fois préjudicier aux droits d'autrui. (Code civil, liv. 1er, art. 49, 54, 62, 99, 100, 101).

Section 2. Des Tribunaux compétens.

Les questions relatives à l'état et aux droits des enfans naturels, sont et ont toujours été de la compétence exclusive des tribunaux ordinaires, sauf quelques exceptions de circonstance.

1.° Les contestations sur les droits des enfans naturels aux successions de leurs père et mère ouvertes dans l'intervalle de la loi du 4 juin 1793 à celle du 12 brumaire an 2, avaient été portées aux tribunaux civils.

Celles dont l'objet s'est trouvé rempli par la loi du 12 brumaire, ont été anéanties par l'art. 17 de cette loi.

Les autres, ainsi que celles relatives à l'effet rétroactif de la même loi, ont été renvoyées, par l'art 18, à des arbitres forcés qui avaient le pouvoir de les juger en dernier ressort.

Mais les inconvéniens attachés à ce genre d'arbitrage, ont nécessité d'autres mesures.

Il a donc été ordonné par la loi du 25 nivose an 3, art. 1er, que toutes les contestations qui pourraient s'élever sur l'état civil privé des enfans naturels, seraient jugées par les tribunaux.

Les tribunaux ont été autorisés par l'art. 2, à connaître des procès alors existans sur les questions d'état, quand même il aurait été nommé des arbitres.

Mais l'art. 3 a maintenu les jugemens rendus sur des questions d'état soit par des tribunaux, soit par des arbitres, et qui ne se trouveraient attaqués que par voie d'incompétence.

Cette dernière loi a été confirmée par celles des 3 vendemiaire et 15 thermidor an 4 relatives à l'abolition de la rétroactivité de celle du 12 brumaire. Il y est dit expressément que toutes contestations qui pourraient s'élever sur l'exécution de ces mêmes lois, seraient jugées selon les règles générales de l'ordre judiciaire.

2.º Les contestations sur l'état et les droits des enfans naturels ouvertes dans l'intervalle de la loi du 12 brumaire an 2, à la promulgation du Code civil, avaient été aussi attribuées à des arbitres forcés, par l'art. 18 de la même loi, et ensuite renvoyées aux tribunaux par celle du 25 nivôse an 3.

Le Code civil en a éteint la majeure partie en réglant des objets qui se trouvaient en litige. D'autres ont été terminés par transaction et par jugemens passés en force de chose jugée. Ces deux points ont été proclamés par la loi transitoire du 14 floréal an 11.

Les contestations qui ont subsisté, et celles à naître pour l'intervalle qui nous occupe, sont attribuées aux tribunaux par l'article du Code civil qui va être rapporté dans un instant.

3.º Enfin les contestations sur l'état et les droits des enfans naturels ouvertes depuis le Code civil, sont encore de la compétence exclusive des tribunaux.

En effet l'art. 320 du liv. 1.re porte que « les tribunaux civils seront seuls compétens pour statuer sur les réclamations d'état ».

Celte disposition est une des principales garanties de la liberté civile.

Les procès nés et à naître sur les droits des enfans naturels sont dévolus aux tribunaux comme ceux qui intéressent les autres citoyens.

TEXTE DES LOIS

Relatives à l'état et aux droits des enfans naturels.

Loi du 4 juin 1793, portant que les enfans naturels succèderont à leurs père et mère.

La convention nationale, après avoir entendu le rapport de son comité de législation, décrète que les enfans nés hors le mariage, succéderont à leurs père et mère dans la forme qui sera déterminée.

Loi du 31 juillet 1793, qui suspend les procès relatifs aux enfans naturels.

La convention nationale, décrète que tous les procès pendans entre les enfans naturels et leurs parens ou autres, à raison de successions, sont et demeurent suspendus.

Nota. Ces procès ont été anéantis par l'art. 17 de la loi du 12 brumaire an 2.

Loi du 12 brumaire an 2, relative à l'état et aux droits des enfans naturels.

La convention nationale, après avoir entendu le rapport de son comité de législation, décrète ce qui suit :

Article 1er. Les enfans actuellement existans, nés hors du mariage, seront admis aux successions de leurs père et mère ouvertes depuis le 14 juillet 1789. Ils le seront également à celles qui s'ouvriront à l'avenir sous la réserve portée par l'article 10 ci-après

Nota. Cet article qui règle toutes les autres dispositions de la loi, ne s'applique qu'aux enfans naturels alors existans, et qu'aux successions ouvertes jusqu'alors. Les successions ouvertes depuis ont été reglées par le code civil promulgué en l'an 11.

L'effet rétroactif a été aboli par les lois du 3 vendémiaire et 15 thermidor an 4.

2. Leurs droits de successibilité sont les mêmes que ceux des autres enfans.

3. Ils ne pourront néanmoins déranger de leur chef les partages faits ; mais ils prendront leur portion sur les lots existans.

4. Si le père ou la mère de l'enfant né hors du mariage, a transmis ses biens, en tout ou partie, soit ab intestat, soit par disposition, à des parens collatéraux ou à des étrangers, ceux-ci, lors de la remise qu'ils feront à l'enfant né hors du mariage, pourront retenir le sixième de ce qui leur est échu, ou de ce qui leur a été donné.

5. Dans tous les cas, les enfans né hors du mariage seront tenus de recevoir les biens en l'état où ils se trouveront à compter de ce jour, et de s'en rapporter sur la consistance de ces biens, à l'inventaire qui en aura été dressé à la mort de leurs père et mère.

6. Les héritiers directs ou collatéraux, qui ne pourront pas représenter en nature les effets et biens compris dans l'inventaire, feront état aux enfans nés hors du mariage, du prix qu'ils en ont tiré, ou de la valeur au tems de la mort de leur père ou mère. De leur côté, les enfans nés hors du mariage feront

feront état aux héritiers directs ou collatéraux, des impenses utiles ou nécessaires que ceux-ci ont faites dans les biens, et ils rapporteront aux héritiers directs ce qui leur a été donné par leur père ou mère, les fruits et revenus exceptés.

7. Les enfans hors du mariage ne pourront exiger la restitution des fruits perçus, ni préjudicier aux droits acquis soit à des tiers possesseurs, soit à des créanciers hypothécaires, ou autres ayant titre autenthique, avant le premier brumaire courant.

8. Pour être admis à l'exercice des droits ci-dessus, dans la succession de leur père décédé, les enfans nés hors du mariage seront tenus de prouver leur possession d'état. Cette preuve ne pourra résulter que de la représentation d'écrits publics ou privés du père, ou de la suite de soins donnés, à titre de paternité et sans interruption tant à leur entretien qu'à leur éducation. La même disposition aura lieu pour la succession de la mère.

9. Les enfans nés hors du mariage, dont la filiation sera prouvée de la manière qui vient d'être déterminée, ne pourront prétendre aucun droit dans les successions de leurs parens collatéraux ouvertes depuis le 14 juillet 1789. Mais à compter de ce jour, il y aura successibilité réciproque entr'eux et leurs parens collatéraux, à défaut d'héritiers directs.

Nota. Ce droit de successibilité en collatérale a été réglé par le Code civil. Il a lieu à compter de la publication de cette loi du 12 brumaire, ainsi que le déclare l'art. 4 de la loi du 15 thermidor an 4.

10. A l'égard des enfans nés hors du mariage, dont le père et la mère seront encore existans lors de la promulgation du Code civil, leur état et leurs droits seront en tous points reglés par les dispositions du Code.

11. Néanmoins, en cas de mort de la mère avant la publication du Code, la reconnaissance du père, faite devant un officier public, suffira pour constater à son égard l'état de l'enfant né hors du mariage et le rendre habile à lui succéder.

12. Il en sera de même dans le cas où la mère serait absente, ou dans l'impossibilité absolue de confirmer par son aveu la reconnaissance du père.

13. Sont exceptés ceux de ces enfans dont le père ou la mère était, lors de leur naissance, engagé dans les liens du mariage. Il leur sera seulement accordé, à titre d'alimens, le tiers en propriété de la portion à laquelle ils auraient droit s'ils étaient nés dans le mariage.

14. Néanmoins s'il s'agit de la succession de personnes séparées de corps par jugement ou acte authentique, leurs enfans nés hors du maraige exerceront tous les droits de successibilité énoncés dans l'article premier, pourvu que leur naissance soit postérieure à la demande en séparation.

15. A l'égard des enfans nés hors du mariage, qui sont en instance avec des héritiers directs ou collatéraux, pour la succession

de leur père ou de leur mère, ouverte avant le 14 juillet 1789, et dont les réclamations n'auraient pas été terminées par jugement en dernier ressort, il leur sera accordé le tiers de la portion qu'ils auraient eue, s'ils étaient nés dans le mariage.

16. Les enfans et descendans d'enfans nés hors du mariage, représenteront leurs père et mère dans l'exercice des droits que la présente loi leur attribue.

17. Tous procès actuellement existans entre des enfans nés hors du mariage et les héritiers directs ou collatéraux de leur père ou mère, sont et demeurent anéantis.

18. Des arbitres choisis par les parties, ou à leur refus, par le juge de paix du lieu de l'ouverture de la succession, termineront toutes les contestations qui pourront s'élever sur l'exécution de la présente loi, notamment dans le cas où il n'aurait pas été fait inventaire à la mort du père ou de la mère des enfans nés hors du mariage. En aucun cas, les jugemens de ces arbitres ne seront sujets à appel.

Nota. L'arbitrage forcé a été aboli par la loi du 25 nivôse an 3.

19. La Convention Nationale déclare communs aux enfans nés hors du mariage, dont la filiation sera prouvée de la manière déterminée par l'art. 8, les secours décrétés en faveur des enfans des défenseurs de la patrie.

DÉCRET *explicatif de la loi du 17 nivôse an 2, et d'autres loix relatives aux successions.*

Du 22 ventôse an 2.

La Convention Nationale.. Considérant... 3°. que s'il sagit d'enfans que le donateur ait eus hors du mariage, une loi spéciale leur a restitué tous leurs droits depuis le 14 juillet 1789; .. 4°. qu'il n'y a point eû d'effet rétroactif à dater du 14 juillet 1789, parce que la loi n'a fait que développer les principes proclamés dès-lors par un grand peuple qui se ressaisissait de ses droits; l'effet rétroactif commencerait là seulement où l'on dépasserait cette limite; d'ailleurs si la reclamation des héritiers naturels pour ce qui appartient aux époques antérieures, était fondée, ils n'ont pas besoin du secours de la loi nouvelle, et si elle ne l'était pas, il serait immoral d'accorder plus de faveur à celui qui a fait un mauvais procès qu'au citoyen tranquille qui a respecté les lois de ce tems..... Décrète sur le tout qu'il n'y a pas lieu à délibérer.

LOI *du 25 nivôse an 3, concernant les droits contentieux des enfans naturels.*

La Convention Nationale décrète:

Article 1er. Toutes les contestations qui pourront s'élever sur l'état civil privé des enfans nés hors mariage, seront jugées par les tribunaux de district.

2. Les tribunaux de district seront pareillement autorisés à connaître des procès actuellement existans sur les questions d'état, quand même il aurait été nommé des arbitres, conformément à l'art. 18 de la loi du 12 brumaire an 2.

3. Les jugemens rendus jusqu'à ce jour sur des questions d'état, soit par des tribunaux, soit par des arbitres, et qui ne seraient attaqués que par voie d'incompétence, sont maintenus.

4. Toutes les dispositions de la loi du 12 brumaire, qui seraient contraires au présent décret, sont rapportées.

LOI *du 3 vendémiaire an 4, relative à l'abolition de l'effet rétroactif des lois des 5 et 12 brumaire, et 17 nivôse an 2 sur les donations et successions.*

La Convention Nationale ... décrète ce qui suit :

Article 1er. Les droits acquis de bonne foi, soit à des tiers possesseurs, soit à des créanciers hypothécaires ou autres, ayant une date certaine, postérieure à la promulgation des loix des 5 brumaire et 17 nivôse an 2, mais antérieure à la promulgation de la loi du 5 floréal dernier, sur les biens compris dans les dispositions rapportées par la loi du 9 fructidor dernier, leur sont conservés, sauf le recours des héritiers rétablis vers les personnes déchues. Mais toutes aliénations, hypothèques et dispositions desdits biens à titre onéreux ou gratuit, postérieures à la promulgation de la loi du 5 floréal dernier, sont nulles.

2. Dans les nouveaux partages, liquidations, rapports et restitutions qui auront lieu en exécution de la présente loi, il ne sera point fait raison des fruits ou intérêts perçus avant la publication de ladite loi du 5 floréal, sauf les exceptions ci-après.

3. Les personnes rappelées et rétablies dans leur droit par la présente loi, seront tenues de recevoir les biens en l'état où ils se trouveront, sauf l'action pour abattis de bois futaie.

4. Ceux qui sont obligés de restituer en vertu de la présente loi, et qui auront cessé de posséder avant le 5 floréal dernier, les biens ou effets sujets à restitution, tiendront compte du prix qu'ils en auront tiré, s'ils les ont aliénés à titre onéreux, ou de leur valeur au tems où ils ont recueilli, s'ils sont autrement sortis de leurs mains, sauf aux personnes rétablies à exercer toutes actions nécessaires qui appartenaient à ceux qui ont aliené à titre onéreux ou gratuit.

5. Les partages faits entre la République et les personnes déchues, qui étaient ci-devant religieux ou religieuses, ou qui n'avoient que des portions légitimaires ou des dots à réclamer, sont maintenus sauf l'exécution de l'art. 7 de la loi du 17 nivôse.

Nota. L'art. 7 de la loi du 17 nivôse assujétit les ex-religieux à déclarer s'ils ont recueilli des successions, et en ce cas, de précompter la valeur sur leurs pensions.

Sont maintenus également les partages entre les héritiers des ci-devant religieux ou religieuses qui n'ont recueilli, en vertu des lois des 5 brumaire et 17 nivôse, que des portions légitimaires.

6. Les co-partageans déchus seront préalablement remboursés de toutes dépenses qui auront augmenté ou conservé la valeur des fonds, et de toutes charges par eux légitimement acquittées, autres que les charges affectées à la simple jouissance, comme aussi de tous frais et déboursés relatifs aux partages et autres actes annulés par la présente loi.

7. Les co-partageans déchus pourront donner en payement des restitutions auxquelles ils sont tenus par l'effet de la présente loi, soit le prix même des objets qu'ils avaient légitimement aliénés, soit les contrats et créances qu'ils justifieront résulter du placement des deniers provenant des partages annulés, sans garantie de la solvabilité des débiteurs.

8. Les personnes déchues par la présente loi auront la faculté de retenir en biens héréditaires et proportionnellement sur chaque espèce de biens, le montant des portions légitimaires et supplémentaires, et des autres droits qui leur appartiennent. Les payemens qui pourront leur avoir été faits à compte en argent ou assignats, ou de telle autre manière que ce puisse être, soit avant ou après l'ouverture de la succession, ne pourront les priver de cette faculté dont elles

jouiront dans tous les cas, à la charge de rapporter dans la masse ce qu'elles ont reçu dans les mêmes espèces, ou la valeur réelle et effective en assignats au cours. La disposition du présent article s'applique pareillement aux légitimaires dont les droits ont été ouverts, soit avant le 14 juillet 1789, soit depuis le 5 floréal dernier.

9. Toutes dispositions des lois rendues en interprétation des dispositions rétroactives abrogées par la loi du 9 fructidor dernier, sont rapportées quant à l'effet rétroactif. La loi du 5 floréal, qui suspend toute poursuite en vertu de la loi du 17 nivôse, est abrogée, sans qu'on puisse l'opposer pour moyen de nullité contre les procédures contradictoires faites depuis la publication de la loi du 9 fructidor pour l'exécution de cette loi.

10. Toutes contestations qui pourront s'élever sur l'exécution de la présente loi, seront jugées selon les règles générales de l'ordre judiciaire. Les articles 54, 55 et 56 de la loi du 17 nivôse sont abrogés.

11. Tous procès existans, même ceux pendant au tribunal de cassation, tous arrêts de deniers, toutes saisies ou oppositions, tous jugemens intervenus, partages ou autre actes et clauses qui ont leur fondement dans les dispositions des lois des 5 brumaire et 17 nivôse an 2, ou dans les dispositions des lois subséquentes rendues en interprétation, sont abolis et annullés. Les amendes consignées même pour les procès jugés, seront restituées.

12. En conséquence de la loi du 9 fructidor

dernier et des articles ci-dessus, ladite loi du 5 brumaire, celle du 17 nivôse, en ce qui n'y est point dérogé; celle du 7 mars 1793, sur les dispositions en ligne directe, et toutes lois antérieures non abrogées, relatives aux divers modes de transmission des biens, auront leur exécution, chacune à compter du jour de sa publication.

13. La loi du 12 brumaire an 2, concernant le droit de succéder à des enfans nés hors mariage, n'aura d'effet qu'à compter du jour de sa publication. Les règles d'exécution du présent article seront les mêmes que celles établies ci-dessus relativement à l'abolition de l'effet rétroactif desdites lois des 5 brumaire et 17 nivôse.

Loi du 26 vendémiaire an 4, qui suspend l'exécution de l'art. 13 de celle du 3 vendémiaire, relatif aux enfans naturels.

La Convention Nationale décrète que l'exécution de l'article 13 de la loi du 13 de ce mois, relatif aux enfans nés hors mariage, demeure suspendue.

Loi du 15 thermidor an 4, concernant le droits successifs des enfans naturels.

Article 1.er Le droit de succéder à leurs père et mère accordé aux enfans nés hors mariage par la loi du 4 juin 1793, n'aura d'effet que sur les successions échues postérieurement à la publication de ladite loi.

L'effet rétroactif attribué à ce droit par la première disposition de l'article 1.er de la loi du 12 brumaire an 2, est aboli.

L'article 13 de la loi du 3 vendémiaire dernier, et la loi du 26 du même mois, en ce qui concerne l'exercice de ce même droit, sont abrogés, sans qu'ils puissent être opposés comme moyens de nullité contre les procédures exercées pour l'exécution de la loi du 4 juin 1793.

2. Les règles d'exécution de l'article ci-dessus seront les mêmes que celles établies par les articles 1, 2, 3, 4, 6, 7, 9, 10, 11 et 12 de la loi du 3 vendémiaire dernier, relativement à l'abolition de l'effet rétroactif de la loi du 17 nivôse, en substituant seulement la date du 3 vendémiaire à celle du 5 floréal qui se rencontre dans ces articles.

3. Les enfans déchus par l'effet de la présente, jouiront, à titre d'alimens, sur les successions de leurs père et mère, d'une pension égale au revenu du tiers de la portion qu'ils y auraient prise, s'ils étaient nés dans le mariage.

Les donations et autres avantages qui leur auraient été faits par leurs père et mère, entreront en compensation de cette pension, les fruits et revenus exceptés.

4. Le droit de successibilité réciproque entre les enfans nés hors le mariage et leurs parens collatéraux, et celui donné à ces enfans et à leurs descendans de représenter leurs père et mère, n'auront d'effet que par le décès de

ces derniers, postérieur à la publication de la loi du 4 juin 1793, et seulement sur les successions ouvertes depuis la publication de celle du 12 brumaire.

Loi, *du 2 ventôse an 6, interprétative de l'art. 4 de la précédente.*

Article 1er. Les enfans nés hors du mariage, de personnes libres, à leur défaut, leurs enfans et descendans, ont été appelés à recueillir ; soit immédiatement de leur chef, soit par représentation de leurs père et mère, les successions directes et collatérales ouvertes depuis la publication de la la loi du 12 brumaire an 2, jusqu'à celle de la loi du 15 thermidor an 4, quoique leurs père et mère fussent morts avant le 4 juin 1793.

2. Les dispositions de la loi du 15 thermidor an 4, qui se trouvent contraires à la présente, sont rapportées.

3. Il ne sera donné aucune suite aux jugemens rendus en conséquence des dispositions rétroactives de la loi du 15 thermidor an 4.

4. Si le délai pour se pourvoir en cassation contre des jugemens rendus en dernier ressort, dans les cas prévus par la présente, avant la loi du 15 thermidor an 4, n'était pas encore expiré à l'époque de la loi, dans ce cas le tems qui aura couru depuis la loi du 15 thermidor jusqu'à la publica-

tion de la présente ne ponrra être opposé: en-conséquence, tout recours en cassation peut être admis jusqu'à l'entière expiration du délai qui restait encoro à courir à l'époque de ladite loi du 15 thermidor.

EXTRAIT DU CODE CIVIL

En ce qui concerne les enfans naturels.

LIVRE Ier.

TITRE Ier, *décrété le 17 ventôse an 11.*

De la jouissance et de la privation des droits civils.

Dispositions générales, parmi lesquelles on doit remarquer les articles suivans:

Art. 8. Tout français jouira des droits civils.

Art. 22. Les condamnations à des peines dont l'effet est de priver celui qui est condamné, de toute participation aux droits civils, emporteront la mort civile.

Art. 33. Les biens acquis par le condamné, depuis la mort civile encourue, et dont il se trouvera en possession au jour de sa mort naturelle, appartiendront à la nation par droit de déshérence. Néanmoins le Gouvernement en pourra faire, au profit de la veuve, des enfans ou parens du condamné telles dispositions que l'humanité lui suggérera.

TITRE 2, *décrété le 20 ventose an 11.*

Des actes de l'état civil.

Dispositions générales. On y remarque notamment ce qui suit:

Article 34. Les actes de l'état civil énon

ceront l'année, le jour et l'heure où ils seront reçus, les prénoms, noms, âge, profession et domicile de tous ceux qui y seront dénommés.

40. Les actes de l'état civil seront inscrits, dans chaque commune, sur un ou plusieurs registres tenus doubles.

45. Toute personne pourra se faire délivrer, par les dépositaires des registres de l'état civil, des extraits de ces registres. Les extraits délivrés conformes aux registres, et légalisés par le président du tribunal de première instance, ou par le juge qui le remplacera, feront foi jusqu'à inscription de faux.

46. Lorsqu'il n'aura pas existé de registres, ou lorsqu'ils seront perdus, la preuve en sera reçue tant par titres que par témoins; et dans ces cas, les mariages, naissances et décès pourront être prouvés t[illegible] par les registres et papiers émanés des père et mère décédés, que par témoins.

47. Tout acte de l'état civil des Français et des étrangers, fait en pays étranger, fera foi, s'il a été rédigé dans les formes usitées dans ledit pays.

48. Tout acte de l'état civil des Français en pays étranger, sera valable, s'il a été reçu conformément aux lois françaises, par les agens diplomatiques, ou par les commissaires des relations commerciales de la République.

49. Dans tous les cas où la mention d'un acte relatif à l'état civil devra avoir lieu en

marge d'un autre acte déjà inscrit, elle sera faite à la requête des parties intéressées, par l'officier de l'état civil, sur les registres courans, ou sur ceux qui auront été déposés aux archives de la commune, et par le greffier du tribunal de première instance, sur les registres déposés au greffe; à l'effet de quoi l'officier de l'état civil en donnera avis dans les trois jours au commissaire du gouvernement près ledit tribunal, qui veillera à ce que la mention soit faite d'une manière uniforme sur les deux registres.

52. Toute altération, tout faux dans les actes de l'état civil, toute inscription de ces actes faite sur une feuille volante et autrement que sur les registres à ce destinés, donneront lieu aux dommages-intérêts des parties, sans préjudice des peines portées au Code pénal.

54. Dans tous les cas où un tribunal de première instance connaîtra des actes relatifs à l'état civil, les parties intéressées pourront se pourvoir contre le jugement.

55. Les déclarations de naissances seront faites, dans les trois jours de l'accouchement, à l'officier de l'état civil du lieu : l'enfant lui sera présenté.

56. La naissance de l'enfant sera déclarée par le père, ou, à défaut du père, par les sages-femmes, officiers de santé ou autres personnes qui auront assisté à l'accouchement, et lorsque la mère sera accouchée hors de son domicile, par la personne chez laquelle elle sera accouchée. L'acte de naissance sera

rédigé de suite en présence de deux témoins.

57. L'acte de naissance énoncera le jour, l'heure et le lieu de la naissance, le sexe de l'enfant et les prénoms qui lui seront donnés, les prénoms, noms, profession et domicile des père et mère, et ceux des témoins.

62. L'acte de reconnaissance d'un enfant sera inscrit sur les registres à sa date, et il en sera fait mention en marge de l'acte de naissance, s'il en existe un.

73. L'acte authentique du consentement des pères et mères (au mariage) contiendra les noms des futurs époux.

74. Le mariage sera célébré dans la commune où l'un des deux époux aura son domicile. Ce domicile, quant au mariage, s'établira par six mois d'habitation continue dans la commune.

99. Lorsque la rectification d'un acte de l'état civil sera demandée, il y sera statué, sauf l'appel, par le tribunal compétent, et sur les conclusions du commissaire du Gouvernement : les parties intéressées seront appelées s'il y a lieu.

100. Le jugement de rectification ne pourra dans aucun tems, être opposé aux parties intéressées qui ne l'auraient point requis, ou qui n'y auraient pas été appelées.

101. Les jugemens de rectification seront inscrits sur les registres par l'officier de l'état civil, aussi-tôt qu'ils lui auront été remis ; et mention en sera faite en marge de l'acte réformé.

TITRE 3.e, *décrété le 23 ventôse an* XI.

Du domicile.

Art. 102. Le domicile de tout Français, quant à l'exercice de ses droits civils, est au lieu où il a son principal établissement.

108. La femme mariée n'a point d'autre domicile que celui de son mari. Le mineur non émancipé aura son domicile chez ses père et mère ou tuteur; le majeur interdit aura le sien chez son curateur.

110. Le lieu où la succession s'ouvrira sera déterminé par le domicile.

TITRE 4, *décrété le 24 ventôse an* XI.

Des absens.

Ce titre ne renferme point de dispositions qui puissent concerner spécialement les enfans naturels.

TITRE 5, *décrété le 26 ventose an* XI,

Du mariage.

Art. 144. L'homme avant 18 ans révolus, la femme avant 15 ans révolus, ne peuvent contracter mariage.

145. Le gouvernement pourra néanmoins, pour des motifs graves, accorder des dispenses d'âge.

148. Le fils qui n'a pas atteint l'âge de 25 ans accomplis, la fille qui n'a pas atteint l'âge de 21 ans accomplis, ne peuvent contracter mariage sans le consentement de leurs père et mère : en cas de dissentiment, le consentement du père suffit.

149. Si l'un des deux est mort, ou s'il est

dans l'impossibilité de manifester sa volonté, le consentement de l'autre suffit.

151. Les enfans de famille ayant atteint la majorité fixée par l'art. 148, sont tenus, avant de contracter mariage, de demander, par un acte respectueux et formel, le conseil de leur père et de leur mère . . .

152. Les dispositions contenues aux art. 148, 149 et 151, . . sont applicables aux enfans naturels légalement reconnus.

153. L'enfant naturel qui n'a point été reconnu, et celui qui, après l'avoir été, a perdu ses père et mère, ou dont les père et mère ne peuvent manifester leur volonté, ne pourra, avant l'âge de 21 ans révolus, se marier qu'après avoir obtenu le consentement d'un tuteur *ad hoc* qui lui sera nommé.

155. En ligne directe, le mariage est prohibé entre tous les ascendans et descendans légitimes ou naturels, et les alliés dans la même ligne.

156. En ligne collatérale, le mariage est prohibé entre le frère et la sœur légitimes ou naturels, et les alliés au même degré.

159. Le mariage sera célébré publiquement devant l'officier civil du domicile de l'une des deux parties.

160. Les deux publications seront faites à la municipalité du lieu où chacune des parties contractantes aura son domicile.

162. Si les parties contractantes ou l'une d'elles, sont relativement au mariage, sous la puissance d'autrui; les publications seront

encore faites à la municipalité du domicile de ceux sous la puissance desquels elles se trouvent.

163. Le Gouvernement, ou ceux qu'il proposera à cet effet, pourront, pour des causes graves, dispenser de la seconde publication.

167. Le père, et à defaut du père, la mère peuvent former opposition au mariage de leurs enfans et descendans, encôre que ceux-ci aient 25 ans accomplis.

170. Tout acte d'opposition énoncera la qualité qui donne à l'opposant le droit de la former . . .

171. Le tribunal de première instance prononcera dans les dix jours sur la demande en main-levée.

172. S'il y a appel, il y sera statué dans les dix jours de la citation.

173. Si l'oposition et rejetée, les opposans, autres néanmoins que les ascendans, pourront être condamnés à des dommages-intérêts.

176. Le mariage contracté, sans le consentement des père et mère, ne peut être attaqué que par ceux dont le consentement était requis, ou par celui des deux époux qui avait besoin de ce consentement.

177. L'action en nullité ne peut plus être intentée, ni par les époux, ni par les parens dont le consentement était requis, toutes les fois que le mariage a été approuvé expressément ou tacitement par ceux dont le consentement était nécessaire, ou lorsqu'il

s'est écoulé une année sans reclamation de leur part, depuis qu'ils ont eu connaissance du mariage. Elle ne peut être intentée non plus par l'époux, lorsqu'il s'est écoulé une année sans reclamation de sa part, depuis qu'il a atteint l'âge compétent pour consentir par lui-même au mariage.

178. Tout mariage contracté en contravention aux dispositions des articles 144, 155, 156, peut être attaqué soit par les époux eux-mêmes, soit par tous ceux qui y ont intérêt, soit par le ministère public.

179. Néanmoins le mariage contracté par des époux qui n'avaient point encore atteint l'âge requis, ne peut plus être attaqué : 1.° lorsqu'il s'est écoulé six mois depuis que les époux ont acquis l'âge compétent, 2.° lorsque la femme avoit conçu avant l'échéance des six mois.

184. Le commissaire du Gouvernement, dans tous les cas auxquels s'applique l'art. 178 et sous les modifications portées en l'art. 179, peut et doit demander la nullité du mariage du vivant des deux époux, et les faire condamner à se séparer.

188. Nul ne peut réclamer le titre d'époux et les effets civils du mariage, s'il ne représente un acte de célébration inscrit sur les registres de l'etat civil, sauf les cas prévus par l'art. 46.

189. La possession d'état ne pourra dispenser les prétendus époux qui l'invoqueront respectivement, de représenter l'acte de célébration du mariage devant l'officier de l'état civil.

191. Si néanmoins, dans le cas des art. 188 et 189, il existe des enfans issus de deux individus qui ont vécu publiquement comme mari et femme, et qui soient tous deux décédés, la légitimité des enfans ne peut être contestée sous le seul prétexte du défaut de représentation de l'acte de célébration, toutes les fois que cette légitimité est prouvée par une possession d'état qui n'est point contredite par l'acte de naissance.

192. Lorsque la preuve d'une célébration légale du mariage se trouve acquise par le résultat d'une procédure criminelle, l'inscription du jugement sur les registres de l'état civil assure au mariage, à compter du jour de sa célébration, tous les effets civils, tant à l'égard des époux qu'à l'égard des enfans issus de ce mariage.

195. Le mariage qui a été déclaré nul, produit néanmoins les effets civils tant à l'égard des époux, qu'à l'égard des enfans, lorsqu'il a été contracté de bonne foi.

196. Si la bonne foi n'existe que de la part de l'un des époux, le mariage ne produit les effets civils qu'en faveur de cet époux, et des enfans issus du mariage.

198. L'enfant n'a pas d'action contre ses père et mère pour un établissement par mariage, ou autrement.

199. Les enfans doivent des alimens à leurs père et mère qui sont dans le besoin.

201. Les obligations résultantes de ces dispositions sont réciproques.

221. Le mariage se dissout 1.° par la mort

de l'un des époux, 2°. par le divorce légalement prononcé, 3°. par la condamnation devenue définitive de l'un des époux, emportant mort civile.

222. La femme ne peut contracter un nouveau mariage, qu'après dix mois révolus depuis la dissolution du mariage précédent.

TITRE 6, *décrété le 30 ventôse an* II.

Du divorce.

Nota. Ce titre ne renferme point de dispositions particulières aux enfans naturels; mais on doit remarquer l'art. 292 portant que « dans le cas de divorce admis en » justice pour cause d'adultère, l'époux » coupable ne pourra jamais se marier avec » son complice.

TITRE 7, *décrété le 2 germinal an* II.

De la paternité et de la filiation

Nota. Ce titre a été appliqué expressément aux enfans naturels par la loi du 11 floréal an 11.

CHAPITRE I.er *De la filiation des enfans légitimes.*

Article 306. L'enfant conçu pendant le mariage a pour père le mari. Néanmoins celui-ci pourra désavouer l'enfant, s'il prouve que pendant le tems qui a couru depuis le 300e. jusqu'au 180e. jour avant la naissance de cet enfant, il était, soit pour cause d'éloignement, soit par l'effet de quelque accident, dans l'impossibilité physique de cohabiter avec sa femme.

307. Le mari ne pourra, en alléguant son impuissance naturelle, désavouer l'enfant; il ne pourra le désavouer, même pour cause d'adultère, à moins que la naissance ne lui ait été cachée, auquel cas il sera admis à proposer tous les faits propres à justifier qu'il n'en est pas le père.

308. L'enfant né avant le 180e. jour du mariage, ne pourra être désavoué par le mari dans les cas suivans : 1°. s'il a eu connaisance de la grossesse avant le mariage, 2°. s'il a assisté à l'acte de naissance, et si cet acte est signé de lui, ou contient sa déclaration qu'il ne sait signer; 3°. si l'enfant n'est pas déclaré viable.

309. La légitimité de l'enfant né 300 jours après la dissolution du mariage pourra être contestée.

310. Dans les divers cas où le mari est autorisé à réclamer, il devra le faire dans le mois, s'il se trouve sur les lieux de la naissance de l'enfant; dans les deux mois après son retour, si, à la même époque, il est absent; dans les deux mois après la découverte de la fraude, si on lui avait caché la naissance de l'enfant.

311. Si le mari est mort avant d'avoir fait sa réclamation, mais étant encore dans le délai utile pour la faire, les héritiers auront deux mois pour contester la légitimité de l'enfant, à compter de l'époque où cet enfant se serait mis en possession des biens

du mari, ou de l'époque où les héritiers seraient troublés par l'enfant dans cette possession.

312. Tout acte extrajudiciaire contenant le désaveu de la part du mari ou de ses héritiers, sera comme non-avenu, s'il n'est suivi, dans le délai d'un mois, d'une action en justice, dirigée contre le tuteur *ad hoc* donné à l'enfant, et en présence de sa mère.

CHAPITRE 2. *Des preuves de la filiation des enfans légitimes.*

Article 313. La filiation des enfans légitimes se prouve par les actes de naissance inscrits sur le registre de l'état civil.

314. A defaut de ce titre, la possession constante de l'état d'enfant légitime suffit.

315. La possession d'état s'établit par une réunion suffisante de faits qui indiquent le rapport de filiation et de parenté entre un individu et la famille à laquelle il prétend appartenir :

Les principaux de ces faits sont :

Que l'individu a toujours porté le nom du père auquel il prétend appartenir ; que le père l'a traité comme son enfant et a pourvu, en cette qualité, à son éducation, à son entretien et à son établissement ;

Qu'il a été reconnu constamment pour tel dans la société ;

Qu'il a été reconnu pour tel par la famille.

316. Nul ne peut réclamer un état contraire à celui que lui donnent son titre de

naissance

naissance et la possession conforme à ce titre ;

Et réciproquement, nul ne peut contester l'état de celui qui a une possession conforme à son titre de naissance.

317. A défaut de titre et de possession constante, ou si l'enfant a été inscrit, soit sous de faux noms, soit comme né de père et mère inconnus, la preuve de filiation peut se faire par témoins.

Néanmoins cette preuve ne peut être admise que lorsqu'il y a commencement de preuve par écrit, ou lorsque les présomptions ou indices résultant de faits dès-lors constans, sont assez graves pour déterminer l'admission.

318. Le commencement de preuve par écrit résulte des titres de famille, des registres et papiers domestiques du père ou de la mère, des actes publics et même privés, émanés d'une partie engagée dans la contestation, ou qui y aurait intérêt si elle était vivante.

319. La preuve contraire pourra se faire par tous les moyens propres à établir que le réclamant n'est pas l'enfant de la mère qu'il prétend avoir, ou même, la maternité prouvée, qu'il n'est pas l'enfant du mari de la mère.

320. Les tribunaux civils seront seuls compétens pour statuer sur les réclamations d'état.

321. L'action criminelle contre un délit de suppression d'état ne pourra commencer qu'après le jugement définitif sur la question d'état.

322. L'action en réclamation d'état est

imprescriptible à l'égard de l'enfant.

323. L'action ne peut être intentée par les héritiers de l'enfant qui n'a pas réclamé, qu'autant qu'il est décédé mineur, ou dans les cinq années après sa majorité.

324. Les héritiers peuvent suivre cette action lorsqu'elle a été commencée par l'enfant, à moins qu'il ne s'en fût desisté formellement, ou qu'il n'eût laissé passer trois années sans poursuites, à compter du dernier acte de la procédure.

CHAPITRE 3. *Des enfans naturels.*

SECTION Ire. *De la légitimation des enfans naturels.*

Article 325. Les enfans nés hors mariage, autres que ceux nés d'un commerce incestueux ou adultérin, pourront être légitimés par le mariage subséquent de leurs père et mère, lorsque ceux-ci les auront légalement reconnus avant leur mariage, ou qu'ils les reconnaîtront dans l'acte même de célébration.

326. La légitimation peut avoir lieu, même en faveur des enfans décédés qui ont laissé des descendans; et dans ce cas, elle profite à ces descendans.

327. Les enfans légitimés par le mariage subséquent auront les mêmes droits que s'ils étaient nés de ce mariage.

SECTION 2e. *De la reconnaissance des enfans naturels.*

328. La reconnaissance d'un enfant naturel sera faite par un acte authentique, lorsqu'elle ne l'aura pas été dans son acte de naissance.

329. Cette reconnaissance ne pourra avoir lieu au profit des enfans nés d'un commerce incestueux ou adultérin.

330. La reconnaissance du père, sans l'indication et l'aveu de la mère, n'a d'effet qu'à l'égard du père.

331. La reconnaissance faite pendant le mariage, par l'un des époux, au profit d'un enfant naturel qu'il aurait eû avant son mariage, d'un autre que de son époux, ne pourra nuire ni à celui-ci, ni aux enfans nés de ce mariage. Néanmoins elle produira son effet après la dissolution de ce mariage, s'il n'en reste pas d'enfans.

332. L'enfant naturel reconnu, ne pourra réclamer les droits d'enfant légitime. Les droits des enfans naturels seront réglés au titre des successions.

333. Toute reconnaissance de la part du père ou de la mère, de même que toute réclamation de la part de l'enfant, pourra être contestée par tous ceux qui y auront intérêt.

334. La recherche de la paternité est interdite.

Dans le cas d'enlèvement, lorsque l'époque de cet enlèvement se rapportera à celle de la conception, le ravisseur pourra être, sur la demande des parties intéressées, déclaré père de l'enfant.

335. La recherche de la maternité est admise.

L'enfant qui réclamera sa mère sera tenu de prouver qu'il est identiquement le même que l'enfant dont elle est accouchée.

Il ne sera reçu à faire cette preuve par témoins, que lorsqu'il aura déjà un commencement de preuve par écrit.

336. Un enfant ne sera jamais admis à la recherche, soit de la paternité, soit de la maternité, dans les cas où, suivant l'article 329, la reconnaissance n'est pas admise.

TITRE 8, *décrété le 2 germinal an* II.

De l'adoption et de la tutelle officieuse.

Ce titre concerne les citoyens en général, et non les enfans naturels en particulier.

Cependant on doit remarquer l'article 342 ainsi conçu : « L'adopté restera dans sa famille naturelle et y conservera tous ses droits : néanmoins le mariage est prohibé entre l'adoptant, l'adopté et ses descendans; entre les enfans adoptifs du même individu, entre l'adopté et les enfans qui pourraient survenir à l'adoptant; entre l'adopté et le conjoint de l'adoptant, et réciproquement entre l'adoptant et le conjoint de l'adopté ».

TITRE 9, *décrété le 3 germinal an* II.

De la puissance paternelle.

Art. 365. L'enfant à tout âge doit honneur et respect à ses père et mère.

366. Il reste sous leur autorité jusqu'à sa minorité ou son émancipation.

368. L'enfant ne peut quitter la maison paternelle sans la permission de son père, si ce n'est pour enrôlement volontaire après l'âge de 18 ans.

369. Le père qui aura des sujets de mé-

contentement très-graves sur la conduite d'un enfant, aura les moyens de correction suivans.

370. Si l'enfant est âgé de moins de 16 ans commencés, le père pourra le faire détenir pendant un tems qui ne pourra excéder un mois; et, à cet effet, le président du tribunal d'arrondissement devra, sur sa demande, délivrer l'ordre d'arrestation.

371. Depuis l'âge de 16 ans commencés jusqu'à la majorité ou l'émancipation, le père pourra seulement requérir la détention de son enfant pendant six mois au plus; il s'adressera au président dudit tribunal, qui, après en avoir conféré avec le commissaire du gouvernement, délivrera l'ordre d'arrestation ou le refusera, et pourra, dans le premier cas, abréger le tems de la détention requis par le père.

372. Il n'y aura, dans l'un et l'autre cas, aucune écriture ni formalité judiciaire, si ce n'est l'ordre même d'arrestation, dans lequel les motifs n'en seront pas énoncés. Le père sera seulement tenu de souscrire une soumission de payer tous les frais, et de fournir les alimens convenables.

373. Le père est toujours maître d'abréger la durée de la détention par lui ordonnée ou requise. Si après sa sortie l'enfant tombe dans de nouveaux écarts, la détention pourra être de nouveau ordonnée de la manière prescrite aux articles précédens.

3;7. Les articles 370, 371, 372, et 373

seront communs aux père et mère des enfans naturels légalement reconnus.

TITRE 10, *décrété le 5 germinal an* 11.

De la minorité, de la tutelle et de l'émancipation.

De la minorité.

Art. 382. Le mineur est l'individu de l'un ou de l'autre sexe qui n'a point encore l'âge de 21 ans accomplis.

— 391. Le droit individuel de choisir un tuteur parent ou même étranger appartient au dernier mourant des père et mère.

De la tutelle.

399. Lorsqu'un enfant mineur et non émancipé restera sans père ni mère, ni tuteur élu... il sera pourvu, par un conseil de famille, à la nomination d'un tuteur.

400. Ce conseil sera convoqué soit sur la réquisition et à la diligence des parens du mineur, de ses créanciers ou d'autres parties intéressées, soit même d'office et à la poursuite du juge de paix du domicile du mineur. Toute personne pourra dénoncer à ce juge de paix le fait qui donnera lieu à la nomination d'un tuteur.

401. Le conseil de famille sera composé, non compris le juge de paix, de six parens ou alliés, pris tant dans la commune où la tutelle sera ouverte que dans la distance de deux myriamètres, moitié du côté paternel,

moitié du côté maternel, et en suivant l'ordre de proximité dans chaque ligne.

403. Lorsque les parens ou alliés se trouveront en nombre insuffisant, le juge de paix appellera soit des parens ou alliés domiciliés à de plus grandes distances, soit, dans la commune même, des citoyens connus pour avoir eu des relations habituelles d'amitié avec le père ou la mère du mineur.

409. L'assemblée se tiendra de plein droit chez le juge de paix. La présence des trois quarts au-moins de ses membres convoqués, sera nécessaire pour qu'elle délibère.

410. Le conseil de famille sera présidé par le juge de paix, qui y aura voix délibérative, et prépondérante en cas de partage.

412. Le tuteur agira et administrera, en cette qualité, du jour de sa nomination, si elle a lieu en sa présence; sinon, du jour qu'elle lui aura été notifiée.

Du subrogé-tuteur.

414. Dans toute tutelle il y aura un subrogé-tuteur, nommé par le conseil de famille. Ses fonctions consisteront à agir pour les intérêts du mineur, lorsqu'ils seront en opposition avec ceux du tuteur.

416. La nomination du subrogé-tuteur aura lieu immédiatement après celle du tuteur.

417. En aucun cas le tuteur ne votera pour la nomination du subrogé-tuteur.

418. Le subrogé-tuteur ne remplacera pas de plein droit le tuteur, lorsque la tutelle deviendra vacante, ou qu'elle sera abandonnée par absence; mais il devra, en ce cas, provoquer la nomination d'un nouveau tuteur.

419. Les fonctions du subrogé-tuteur cesseront à la même époque que la tutelle.

De l'administration du tuteur.

444. Le tuteur prendra soin de la personne du mineur, et le représentera dans tous les actes civils. Il administrera ses biens en bon père de famille, et répondra des dommages-intérêts qui pourraient résulter d'une mauvaise gestion. Il ne peut ni acheter les biens du mineur, ni les prendre à ferme, à-moins que le conseil de famille n'ait autorisé le subrogé-tuteur à lui en passer un bail, ni accepter la cession d'aucun droit ou créance contre son pupille.

445. Dans les dix jours qui suivront celui de sa nomination, dûment connue de lui, le tuteur requerra la levée des scellés, s'ils ont été apposés, et fera procéder immédiatement à l'inventaire des biens du mineur, en présence du subrogé-tuteur.

S'il lui est dû quelque chose par le mineur, il devra le déclarer dans l'inventaire, à-peine de déchéance, et ce, sur la réquisition que l'officier public sera tenu de lui en faire, et dont mention sera faite au procès-verbal.

446. Dans le mois qui suivra la clôture de l'inventaire, le tuteur fera vendre, en présence du subrogé-tuteur, aux enchères reçues par un officier public, et après des affiches ou publications dont le procès-verbal de vente fera mention, tous les meubles autres que ceux que le conseil de famille l'aurait autorisé à conserver en nature.

448. Lors de l'entrée en exercice de toute

tutelle autre que celle des père et mère le conseil de famille réglera par aperçu, et selon l'importance des biens régis, la somme à laquelle pourra s'élever la dépense annuelle du mineur, ainsi que celle d'administration de ses biens. Le même acte spécifiera si le tuteur est autorisé à s'aider dans sa gestion, d'un ou de plusieurs administrateurs particuliers, salariés et gérant sous sa responsabilité.

449. Ce conseil déterminera positivement la somme à laquelle commencera, pour le tuteur, l'obligation d'employer l'excédant des revenus sur la dépense : cet emploi devra être fait dans le délai de six mois, passé lequel le tuteur devra les intérêts à défaut d'emploi.

450. Si le tuteur n'a pas fait déterminer par le conseil de famille la somme à laquelle doit commencer l'emploi, il devra, après le délai exprimé dans l'article précédent, les intérêts de toute somme non employée, quelque modique qu'elle soit.

451. Le tuteur, même le père ou la mère, ne peut emprunter pour le mineur, ni aliéner ou hypothéquer ses biens immeubles, sans y être autorisé par un conseil de famille.

Cette autorisation ne devra être accordée que pour cause d'une nécessité absolue, ou d'un avantage évident.

Dans le premier cas, le conseil de famille, n'accordera son autorisation qu'après qu'il aura été constaté, par un compte sommaire présenté par le tuteur, que les deniers, effets mobiliers et revenus du mineur sont insuffisans.

Le conseil de famille indiquera, dans tous les cas, les immeubles qui devront être vendus de préférence, et toutes les conditions qu'il jugera utiles.

452. Les délibérations du conseil de famille relatives à cet objet, ne seront exécutées qu'après que le tuteur en aura demandé et obtenu l'homologation devant le tribunal civil de première instance, qui y statuera en la chambre du conseil, et après avoir entendu le commissaire du gouvernement.

453. La vente se fera publiquement, en présence du subrogé-tuteur, aux enchères, qui seront reçues par un membre du tribunal civil, ou par un notaire à ce commis, et à la suite de trois affiches apposées, par trois dimanches consécutifs, aux lieux accoutumés dans le canton.

Chacune de ces affiches sera visée et certifiée par le maire des communes où elles auront eu lieu.

454. Les formalités exigées par les articles 451 et 452 pour l'aliénation des biens du mineur, ne s'appliquent point au cas où un jugement aurait ordonné la licitation sur la provocation d'un co-propriétaire par indivis.

Seulement, en ce cas, la licitation ne pourra se faire que dans la forme prescrite par l'article précédent: les étrangers y seront nécessairement admis.

455. Le tuteur ne pourra accepter ni répudier une succession échue au mineur, sans une autorisation préalable du conseil de famille:

l'acceptation n'aura lieu que sous bénéfice d'inventaire.

456. Dans le cas où la succession répudiée au nom du mineur n'aurait pas été acceptée par un autre, elle pourra être reprise soit par le tuteur, autorisé à cet effet par une nouvelle délibération du conseil de famille, soit par le mineur devenu majeur, mais dans l'état où elle se trouvera lors de la reprise, et sans pouvoir attaquer les ventes et autres actes qui auront été légalement faits durant la vacance.

457. La donation faite au mineur ne pourra être acceptée par le tuteur qu'avec l'autorisation du conseil de famille.

Elle aura à l'égard du mineur, le même effet qu'à l'égard du majeur.

458. Aucun tuteur ne pourra introduire en justice une action relative aux droits immobiliers du mineur, ni acquiescer à une demande relative aux mêmes droits, sans l'autorisation du conseil de famille.

459. La même autorisation sera nécessaire au tuteur pour provoquer un partage; mais il pourra, sans cette autorisation, répondre à une demande en partage dirigée contre le mineur.

460. Pour obtenir, à l'égard du mineur tout l'effet qu'il aurait entre majeurs, le partage devra être fait en justice, et précédé d'une estimation faite par experts nommés par le tribunal civil du lieu de l'ouverture de la succession.

Les experts, après avoir prêté devant le président du même tribunal, ou autre juge par lui délégué, le serment de bien et fidèlement remplir leur mission, procéderont à la division des héritages et à la formation des lots qui seront tirés au sort et en présence, soit d'un membre du tribunal, soit d'un notaire par lui commis, lequel fera la délivrance des lots.

Tout autre partage ne sera considéré que comme provisionnel.

461. Le tuteur ne pourra transiger au nom du mineur, qu'après y avoir été autorisé par le conseil de famille, et de l'avis de trois jurisconsultes désignés par le commissaire du gouvernement près le tribunal civil.

La transaction ne sera valable qu'autant qu'elle aura été homologuée par le tribunal civil, après avoir entendu le commissaire du gouvernement.

462. Le tuteur qui aura des sujets de mécontentement grevés sur la conduite du mineur, pourra porter ses plaintes à un conseil de famille, et, s'il y est autorisé par ce conseil, provoquer la réclusion du mineur, conformément à ce qui est statué à ce sujet au titre de la puissance paternelle.

Des comptes de la tutelle.

463. Tout tuteur est comptable de sa gestion lorsqu'elle finit.

464. Tout tuteur, autre que le père et la mère, peut être tenu, même durant la tutelle, de remettre au subrogé-tuteur des états de situation de sa gestion, aux époques que le conseil de famille aurait jugé à-propos de

fixer, sans néanmoins que le tuteur puisse être astreint à en fournir plus d'un chaque année.

Ces états de situation seront rédigés et remis, sans frais, sur papier non timbré, et sans aucune formalité de justice.

465. Le compte définitif de tutelle sera rendu aux dépens du mineur, lorsqu'il aura atteint sa majorité, ou obtenu son émancipartion; le tuteur en avancera les frais.

On y allouera au tuteur toutes dépenses suffisamment justifiées, et dont l'objet sera utile.

466. Tout traité qui pourra intervenir entre le tuteur et le mineur devenu majeur, sera nul, s'il n'a été précédé de la reddition d'un compte détaillé, et de la remise des pièces justificatives, le tout constaté par un récépissé de l'oyant-compte, dix jours au moins avant le traité.

467. Si le compte donne lieu à des contestations, elle seront poursuivies et jugées comme les autres constestations en matière civile.

468. La somme à laquelle s'élevera le reliquat dû par le tuteur, portera intérêt sans demande, à compter de la clôture du compte.

Les intérêts de ce qui sera dû au tuteur par le mineur, ne courront que du jour de la sommation de payer qui aura suivi la clôture du compte.

469. Toute action du mineur contre son tuteur relativement aux faits de la tutelle, se prescrit par dix ans à compter de la majorité.

De l'émancipation.

470. Le mineur est émancipé de plein droit par le mariage.

471. Le mineur, même non marié, pourra être émancipé par son père, ou, à défaut de père, par sa mère, lorsqu'il aura atteint l'âge de 15 ans révolus.

Cette émancipation s'opérera par la seule déclaration du père ou de la mère, reçue par le juge de paix assisté de son greffier.

472. Le mineur resté sans père ni mère, pourra aussi, mais seulement à l'âge de 18 ans accomplis, être émancipé, si le conseil de famille l'en juge capable.

En ce cas, l'émancipation résultera de la délibération qui l'aura autorisée, et de la déclaration que le juge de paix, comme président du conseil de famille, aura faite dans le même acte, que le mineur est émancipé.

473. Lorsque le tuteur n'aura fait aucune diligence pour l'émancipation du mineur dont il est parlé dans l'article précédent, et qu'un ou plusieurs parens ou alliés de ce mineur, le jugeront capable d'être émancipé, ils pourront requérir le juge de paix de convoquer le conseil de famille pour délibérer à ce sujet. Le juge de paix devra déférer à cette réquisition.

474. Le compte de tutelle sera rendu au mineur émancipé, assisté d'un curateur qui lui sera nommé par le conseil de famille

475. Le mineur émanci passera, éples

baux dont la durée n'excédera point neuf ans ; il recevra ses revenus, en donnera décharge, et fera tous les actes qui ne sont que de pure administration, sans être restituable contre ces actes dans tous les cas où le majeur ne le serait pas lui-même.

476. Il ne pourra intenter une action immobilière, ni y défendre, même recevoir et donner décharge d'un capital mobilier, sans l'assistance de son curateur, qui, au dernier cas, surveillera l'emploi du capital reçu.

477. Le mineur émancipé ne pourra faire d'emprunts sous aucun prétexte, sans une délibération du conseil de famille, homologuée par le tribunal civil, après avoir entendu le commissaire du gouvernement.

478. Il ne pourra non plus vendre ni aliéner ses immeubles, ni faire aucun acte autre que ceux de pure administration, sans observer les formes prescrites au mineur non émancipé.

A l'égard des obligations qu'il aurait contractées par voie d'achats ou autrement, elles seront réductibles en cas d'excès : les tribunaux prendront, à ce sujet, en considération la fortune du mineur, la bonne ou mauvaise foi des personnes qui auront contracté avec lui, l'utilité ou l'inutilité des dépenses.

479. Tout mineur émancipé dont les engagemens auraient été réduits en vertu de l'article précédent, pourra être privé du bénéfice de l'émancipation, laquelle lui sera retirée en suivant les mêmes formes que celles qui auront eu lieu pour la lui conférer.

480. Dès le jour où l'émancipation aura été révoquée, le mineur rentrera en tutelle, et y restera jusqu'à sa majorité accomplie.

481. Le mineur émancipé qui fait un commerce, est réputé majeur pour les faits relatifs à ce commerce.

TITRE II, *décrété le 8 germinal an* XI.

De la majorité, de l'interdiction et du conseil judiciaire.

Art. 482. La majorité est fixée à 21 ans accomplis; à cet âge on est capable de tous les actes de la vie civile, sauf la restriction portée au titre du mariage . . . . .

LIVRE III.

LOI *du* 29 *germinal an* XI, *relative aux successions.*

Art. Ier. La propriété des biens s'acquiert et se transmet par succession, par donation entre-vifs ou testamentaire, et par l'effet des obligations.

2. La propriété s'acquiert aussi par accession ou incorporation, et par prescription.

3. Les biens qui n'ont pas de maître appartiennent à la nation . . . .

TITRE Ier, *décrété le même jour.*

Des successions.

Nota. Ce titre est appliqué expressément aux enfans naturels par la loi du 14 floréal an XI.

CHAPITRE I.er, *de l'ouverture des successions et de la saisine des héritiers.*

Art. 8. Les successions s'ouvrent par la mort naturelle et par la mort civile . . . . .

13. La loi règle l'ordre de succéder entre les héritiers légitimes : à leur défaut, les biens passent aux enfans naturels, ensuite à l'époux survivant ; et, s'il n'y en a pas, à la république.

14. Les héritiers légitimes sont saisis de plein droit des biens, droits et actions du défunt, sous l'obligation d'acquitter toutes les charges de la succession : les enfans naturels, l'époux survivant et la république, doivent se faire envoyer en possession par justice dans les formes qui seront déterminées.

CHAPITRE 2. *Des qualités requises pour succéder.*

. Pour succéder, il faut nécessairement er à l'instant de l'ouverture de la succession.

Ainsi, sont incapables de succéder : 1.° celui qui n'est pas encore conçu, 2.° l'enfant qui n'est pas né viable, 3.° celui qui est mort civilement . . . .

CHAPITRE 3. *Des divers ordres de succession.*

SECTION I.re. *Dispositions générales.*

Art. 21. Les successions sont déférées aux enfans et descendans du défunt, à ses ascendans et à ses parens collatéraux, dans l'ordre et suivant les règles ci-après déterminés.

22. La loi ne considère ni la nature ni l'origine des biens pour en régler la succession.

23. Toute succession échue à des ascendans ou à des collatéraux, se divise en deux parts égales; l'une pour les parens de la ligne paternelle, l'autre pour les parens de la ligne maternelle.

Les parens utérins ou consanguins ne sont pas exclus par les germains; mais ils ne prennent part que dans leur ligne . . . . Les germains prennent part dans les deux lignes.

Il ne se fait aucune dévolution d'une ligne à l'autre que lorsqu'il ne se trouve aucun ascendant ni collatéral de l'une des deux lignes.

24. Cette première division opérée entre les lignes paternelle et maternelle, il ne se fait plus de division entre les diverses branches; mais la moitié dévolue à chaque ligne appartient à l'héritier ou aux héritiers les plus proches en degré, sauf le cas de la représentation.

25. La proximité de parenté s'établit par le nombre de générations; chaque génération s'appelle un degré.

26. La suite des degrés forme la ligne; on appelle ligne directe la suite des degrés entre personnes qui descendent l'une de l'autre; ligne collatérale, la suite des degrés entre personnes qui ne descendent pas les unes des autres, mais qui descendent d'un auteur commun . . . .

27. En ligne directe, on compte autant de degrés qu'il y a de générations entre les personnes . . .

28. En ligne collatérale, les degrés se comptent par les générations, depuis l'un des parens jusques et non compris l'auteur commun, et depuis celui-ci jusqu'à l'autre parent. Ainsi, deux frères sont au deuxième degré, l'oncle et le neveu sont au troisième degré les cousins germains au quatrième, et ainsi de suite.

SECTION 2e. *De la représentation.*

29. La représentation est une fiction de la loi, dont l'effet est de faire entrer les représentans dans la place, dans le degré et dans les droits du représenté.

30. La représentation a lieu à l'infini dans la ligne directe descendante.

31. La représentation n'a pas lieu en faveur des ascendans; le plus proche, dans chacune des deux lignes, exclut toujours le plus éloigné.

32. En ligne collatérale, la représentation est admise en faveur des enfans et descendans de frères ou sœurs du défunt, soit qu'ils viennent à sa succession concurremment avec des oncles ou tantes, soit que tous les frères et sœurs du défunt étant prédécédés, la succession se trouve dévolue à leurs descendans en degrés égaux ou inégaux.

33. Dans tous les cas où la représentation est admise, le partage s'opère par souche. Si une même souche a produit plusieurs

branches, la subdivision se fait aussi par souche dans chaque branche, et les membres de la même branche partagent entre eux par tête.

34. On ne représente pas les personnes vivantes, mais seulement celles qui sont mortes naturellement ou civilement. On peut représenter celui à la succession duquel on a renoncé.

SECTION 3e. *Des successions déférées aux descendans.*

35. Les enfans ou leurs descendans succèdent à leurs père et mère, aïeuls, aïeules, ou autres ascendans, sans distinction de sexe ni de primogéniture, et encore qu'ils soient issus de différens mariages.

Ils succèdent par égales portions et par tête, quand ils sont tous au premier degré et appelés de leur chef: ils succèdent par souche, lorsqu'ils viennent tous ou en partie par représentation.

SECTION 4e. *Des successions déférées aux ascendans.*

36. Si le défunt n'a laissé ni postérité, ni frère, ni sœur, ni descendans d'eux, la succession se divise par moitié entre les ascendans de la ligne paternelle et les ascendans de la ligne maternelle.

L'ascendant qui se trouve au degré le plus proche, recueille la moitié affectée à sa ligne, à l'exclusion de tous autres.

Les ascendans au même degré succèdent par tête.

37. Les ascendans succèdent, à l'exclusion de tous autres, aux choses par eux données à leurs enfans ou descendans décédés sans postérité, lorsque les objets donnés se retrouvent en nature dans la succession.

Si les objets ont été aliénés, les ascendans recueillent le prix qui peut en être dû. Ils succèdent aussi à l'action en reprise que pourrait avoir le donataire.

38. Lorsque les père et mère d'une personne morte sans postérité lui ont survécu, si elle a laissé des frères, sœurs ou des descendans d'eux, la succession se divise en deux portions égales, dont moitié seulement est déférée au père et à la mère, qui la partagent entr'eux également.

L'autre moitié appartient aux frères, sœurs ou descendans d'eux, ainsi qu'il sera expliqué dans la section des successions collatérales.

39. Dans les cas où la personne morte sans postérité laisse des frères, sœurs, ou des descendans d'eux, si le père ou la mère est prédécédé, la portion qui lui aurait été dévolue conformément au précédent article, se réunit à la moitié déférée aux frères, sœurs ou à leurs représentans, ainsi qu'il sera ci-après expliqué.

SECTION 5. *Des successions collatérales.*

40. En cas de prédécès des père et mère d'une personne morte sans postérité, ses frères, sœurs ou leurs descendans sont appelés, à l'exclusion des ascendans et des autres collatéraux.

Ils succèdent de leur chef, ou par représentation, ainsi qu'il est réglé dans la section de la représentation.

41. Si les père et mère de la personne morte sans postérité, lui ont survécu, ses frères et sœurs ou leurs représentans ne sont appelés qu'à la moitié de la succession. Si le père ou la mère seulement a survécu, ils sont appelés à recueillir les trois quarts.

42. Le partage de la moitié ou des trois quarts dévolus aux frères ou sœurs, aux termes de l'article précédent, s'opère entre eux par égales portions, s'ils sont tous du même lit; s'ils sont de lits différens, la division se fait par moitié entre les deux lignes paternelle et maternelle du défunt; les germains prennent part dans les deux lignes, et les utérins et consanguins chacun dans leur ligne seulement: s'il n'y a de frères ou de sœurs que d'un côté, ils succèdent à la totalité, à l'exclusion de tous autres parens de l'autre ligne.

43. A défaut de frères ou sœurs, ou de descendans d'eux, et à défaut d'ascendans dans l'une ou l'autre ligne, la succession est déférée pour moitié, aux ascendans survivans; et pour l'autre moitié, aux parens les plus proches de l'autre ligne.

S'il y a concours de parens collatéraux au même degré, ils partagent par tête.

44. Dans le cas de l'article précédent, le père ou la mère survivant a l'usufruit du tiers des biens auxquels il ne succède pas en propriété.

45. Les parens au-delà du douzième degré ne succèdent pas.

A défaut de parens au degré successible dans une ligne, les parens de l'autre ligne succèdent pour le tout.

CHAPITRE 4. *Des successions irrégulières.*

SECTION 1re. *Des droits des enfans naturels sur les biens de leur père ou mère, et de la succession aux enfans naturels décédés sans postérité.*

ARTICLE 46. Les enfans naturels ne sont point héritiers; la loi ne leur accorde de droits sur les biens de leur père ou mère décédés, que lorsqu'ils ont été légalement reconnus. Elle ne leur accorde aucun droit sur les biens des parens de leur père ou mère.

47. Le droit de l'enfant naturel sur les biens de ses père ou mère décédés est réglé ainsi qu'il suit :

Si le père ou la mère a laissé des descendans légitimes, ce droit est d'un tiers de la portion héréditaire que l'enfant naturel aurait eue s'il eût été légitime;

Il est de la moitié lorsque les père ou mère ne laissent pas de descendans, mais bien des ascendans ou des frères ou sœurs;

Il est des trois quarts lorsque les père ou mère ne laissent ni descendans, ni ascendans, ni frères, ni sœurs.

48. L'enfant naturel a droit à la totalité des biens, lorsque ses père ou mère ne laissent pas de parens au degré successible.

49. En cas de prédécès de l'enfant naturel, ses enfans ou descendans peuvent réclamer les droits fixés par les articles précédens.

50. L'enfant naturel ou ses descendans sont tenus d'imputer sur ce qu'ils ont droit de prétendre, tout ce qu'ils ont reçu du père ou de la mère dont la succession est ouverte, et qui serait sujet à rapport, d'après les règles établies au chapitre 6, section des rapports.

51. Toute réclamation leur est interdite, lorsqu'ils ont reçu, du vivant de leur père ou de leur mère, la moitié de ce qui leur est attribué par les articles précédens, avec déclaration expresse de la part de leur père ou mère, que leur intention est de réduire l'enfant naturel à la portion qu'ils lui ont assignée.

Dans le cas où cette portion serait inférieure à la moitié de ce qui devrait revenir à l'enfant naturel, il ne pourra réclamer que le supplément nécessaire pour parfaire cette moitié.

52. Les dispositions des articles 47 et 48 ne sont pas applicables aux enfans adultérins ou incestueux.

La loi ne leur accorde que des alimens.

53. Ces alimens sont réglés, eu égard aux facultés du père ou de la mère, au nombre et à la qualité des héritiers légitimes.

54. Lorsque le père ou la mère de l'enfant adultérin ou incestueux lui auront fait apprendre un art mécanique, ou lorsque l'un d'eux lui aura assuré des alimens de son vivant, l'enfant ne pourra élever aucune réclamation contre leur succession.

55. La succession de l'enfant naturel décédé sans postérité, est dévolue au père ou à la mère qui l'a reconnu, ou par moitié à tous les deux, s'il a été reconnu par l'un et par l'autre.

56. En cas de prédécès des père et mère de l'enfant naturel, les biens qu'il en avait reçus, passent aux frères ou sœurs légitimes, s'ils se retrouvent en nature dans la succession : les actions en reprise, s'il en existe, ou le prix de ses biens aliénés, s'il en est encore dû, retournent également aux frères et sœurs naturels ou à leurs descendans.

Section 2e. Des Droits du conjoint survivant et de la République.

57. Lorsque le défunt ne laisse ni parens au degré successible, ni enfans naturels, les biens de la succession appartiennent au conjoint non divorcé qui lui survit.

58. A défaut de conjoint survivant, la succession est acquise à la République.

59. Le conjoint survivant et l'administration des domaines qui prétendent droit à la succession, sont tenus de faire apposer les scellés, et de faire inventaire dans les formes prescrites pour l'acceptation des successions sous bénéfice d'inventaire.

60. Ils doivent demander l'envoi en possession au tribunal de première instance dans le ressort duquel la succession est ouverte. Le tribunal ne peut statuer sur la demande qu'après trois publications et affiches, dans

les formes usitées, et après avoir entendu le commissaire du gouvernement.

61. L'époux survivant est tenu de faire emploi du mobilier, ou de donner caution suffisante pour en assurer la restitution au cas où il se présenterait des héritiers du défunt, dans l'intervalle de trois ans : après ce délai, la caution est déchargée.

62. L'époux survivant ou l'administration des domaines qui n'aurait pas rempli les formalités qui leur sont respectivement prescrites, pourront être condamnés aux dommages-intérêts des héritiers, s'il s'en représente.

63. Les dispositions des articles 59, 60, 61, et 62, sont communes aux enfans naturels appelés à défaut de parens.

Chapitre V. *De l'Acceptation et de la Répudiation des successions.*

Section I.re *De l'Acceptation.*

Art. 64. Une succession peut être acceptée purement et simplement, ou sous bénéfice d'inventaire.

65. Nul n'est tenu d'accepter une succession qui lui est échue.

66. Les femmes mariées ne peuvent pas valablement accepter une succession sans l'autorisation de leur mari ou de justice.

Les successions échues aux mineurs et aux interdits ne pourront être valablement acceptées que conformément aux dispositions de la loi sur les tutelles.

67. L'effet de l'acceptation remonte au jour de l'ouverture de la succession.

68. L'acceptation peut être expresse ou tacite.

Elle est expresse quand on prend le titre ou la qualité d'héritier dans un acte authentique ou privé;

Elle est tacite quand l'héritier fait un acte qui suppose nécessairement son intention d'accepter, et qu'il n'aurait droit de faire qu'en sa qualité d'héritier.

69. Les actes purement conservatoires de surveillance et d'administration provisoire, ne sont pas des actes d'addition d'hérédité, si l'on n'y a pas pris le titre ou la qualité d'héritier.

70. La donation, vente ou transport que fait de ses droit successifs un des cohéritiers, soit à un étranger, soit à tous ses cohéritiers, soit à quelques uns d'eux, emporte de sa part acceptation de la succession.

Il en est de même, 1°. de la renonciation même gratuite, que fait un des héritiers au profit d'un ou de plusieurs de ses cohéritiers; 2.° de la renonciation qu'il fait même au profit de tous ses cohéritiers indistinctement, lorsqu'il reçoit le prix de sa renonciation.

71. Lorsque celui à qui une succession est échue est décédé sans l'avoir répudiée ou sans l'avoir acceptée expressément ou tacitement, ses héritiers peuvent l'accepter ou la répudier de son chef.

72. Si ces héritiers ne sont pas d'accord

pour accepter ou répudier la succession, elle doit être acceptée sous bénéfice d'inventaire.

73. Le majeur ne peut attaquerr l'acceptation expresse ou tacite qu'il a faite d'une succession, que dans le cas où cette acceptation aurait été la suite d'un dol pratiqué envers lui : il ne peut jamais réclamer, sous prétexte de lésion, excepté seulement dans le cas où la succession se trouverait absorbée ou diminuée de plus de moitié, par la découverte d'un testament inconnu au moment de l'acceptation.

Section 2e, De la Renonciation aux successions.

74. La renonciation à une succession ne se présume pas : elle ne peut plus être faite qu'au greffe du tribunal de première instance dans l'arrondissement duquel la succession s'est ouverte, sur un registre particulier tenu à cet effet.

75. L'héritier qui renonce est censé n'avoir jamais été héritier.

76. La part du renonçant accroît à ses cohéritiers ; s'il est seul, elle est dévolue au degré subséquent.

77. On ne vient jamais par représentation d'un héritier qui a renoncé. Si le renonçant est seul héritier de son degré, ou si tous ses cohéritiers renoncent, les enfans viennent de eur chef et succèdent par tête.

78. Les créanciers de celui qui renonce au préjudice de leurs droits, peuvent se faire autoriser en justice à accepter la succession du

chef de leur débiteur en son lieu et place. Dans ce cas la renonciation n'est annullée qu'en faveur des créanciers, et jusqu'à concurrence seulement de leurs créances : elle ne l'est pas au profit de l'héritier qui a renoncé.

79. La faculté d'accepter ou de répudier une succession, se prescrit par le laps de tems requis pour la prescription la plus longue des droits immobiliers.

80. Tant que la prescription du droit d'accepter n'est pas acquise contre les héritiers qui ont renoncé, ils ont la faculté d'accepter encore la succession, si elle n'a pas déjà été acceptée par d'autres héritiers, sans préjudice néanmoins des droits qui peuvent être acquis à des tiers sur les biens de la succession, soit par prescription, soit par actes valablement faits avec le curateur à la succession vacante.

81. On ne peut, même par contrat de mariage, renoncer à la succession d'un homme vivant, ni aliéner les droits éventuels qu'on peut avoir à cette succession.

82. Les héritiers qui auraient diverti ou recélé les effets d'une succession, sont déchus de la faculté d'y renoncer : ils demeurent héritiers purs et simples, nonobstant leur renonciation, sans pouvoir prétendre aucune part dans les objets divertis et recélés.

Section 3. Du Bénéfice d'inventaire.

83. La déclaration d'un héritier, qu'il entend ne prendre cette qualité que sous bénéfice d'inventaire, doit être faite au greffe du

tribunal civil de première instance dans l'arrondissement duquel la succession s'est ouverte : elle doit être inscrite sur le registre destiné à recevoir les actes de renonciation.

84. Cette déclaration n'a d'effet qu'autant qu'elle est précédée ou suivie d'un inventaire fidèle et exact des biens de la succession, dans les formes réglées par le code de la procédure civile, et dans les délais qui seront ci-après déterminés.

85. L'héritier a trois mois pour faire inventaire, à compter du jour de l'ouverture de la succession.

Il a, de plus, pour délibérer sur son acceptation, ou sur sa renonciation, un délai de quarante jours, qui commencent à courir du jour de l'expiration des trois mois donnés pour l'inventaire, ou du jour de la clôture de l'inventaire, s'il a été terminé avant les trois mois.

86. Si cependant il existe dans la succession, des objets susceptibles de dépérir ou dispendieux à conserver, l'héritier peut, en sa qualité d'habile à succéder, et sans qu'on puisse en induire de sa part une acceptation, se faire autoriser par justice à procéder à la vente de ces effets. Cette vente doit être faite par officier public, après les affiches et publications réglées par le code de la procédure civile.

87. Pendant la durée des délais pour faire inventaire et pour délibérer, l'héritier ne peut être contraint à prendre qualité, et

il ne peut être obtenu contre lui de condamnation : s'il renonce lorsque les délais sont expirés ou avant, les frais par lui faits légitimement jusqu'à cette époque, sont à la charge de la succession.

88. Après l'expiration des délais ci-dessus, l'héritier, en cas de poursuite dirigée contre lui, peut en demander un nouveau, que le tribunal saisi de la contestation accorde ou refuse suivant les circonstances.

89. Les frais de poursuite, dans le cas de l'article précédent, sont à la charge de la succession, si l'héritier justifie, ou qu'il n'avoit pas eu connaissance du décès, ou que les délais ont été insuffisans, soit à raison de la situation des biens, soit à raison des contestations survenues : s'il n'en justifie pas, les frais restent à sa charge personnelle.

90. L'héritier conserve néanmoins, après l'expiration des délais accordés par l'art. 85, même de ceux donnés par le juge conformément à l'art. 88, la faculté de faire encore inventaire et de se porter héritier bénéficiaire, s'il n'a pas fait d'ailleurs acte d'héritier, ou s'il n'existe pas contre lui de jugement passé en force de chose jugée qui le condamne en qualité d'héritier pur et simple.

91. L'héritier qui s'est rendu coupable de recélé, ou qui a omis sciemment et de mauvaise foi de comprendre dans l'inventaire, des effets de la succession, est déchu du bénéfice d'inventaire.

92. L'effet du bénéfice d'inventaire est de donner à l'héritier l'avantage 1.° de n'être,

tenu du paiement des dettes de la succession qu'à concurrence de la valeur des biens qu'il a recueillis, même de pouvoir se décharger du paiement des dettes en abandonnant tous les biens de la succession aux créanciers et aux légataires;

2.° De ne pas confondre ses biens personnels avec ceux de la succession, et de conserver contr'elle le droit de réclamer le paiement de ses créances.

93. L'héritier bénéficiaire est chargé d'administrer les biens de la succession, et doit rendre compte de son administration aux créanciers et aux légataires.

Il ne peut être contraint sur ses biens personnels qu'après avoir été mis en demeure de présenter son compte, et faute d'avoir satisfait à cette obligation.

Après l'apurement du compte, il ne peut être contraint sur ses biens personnels que jusqu'à concurrence seulement des sommes dont il se trouve reliquataire.

94. Il n'est tenu que des fautes graves dans l'administration dont il est chargé.

95. Il ne peut vendre les meubles de la succession que par le ministère d'un officier public, aux enchères, et après les affiches et publications accoutumées.

S'il les représente en nature, il n'est tenu que de la dépréciation ou de la détérioration causée par sa négligence.

96. Il ne peut vendre les immeubles que dans les formes prescrites par le code de la procédure civile; il est tenu d'en déléguer

le prix aux créanciers hypothécaires qui se sont fait connaître.

97. Il est tenu, si les créanciers ou autres personnes intéressées l'exigent, de donner caution bonne et solvable de la valeur du mobilier compris dans l'inventaire, et de la portion du prix des immeubles non déléguée aux créanciers hypothécaires.

Faute par lui de fournir cette caution, les meubles sont vendus, et leur prix est déposé, ainsi que la portion non déléguée du prix des immeubles, pour être employé à l'acquit des charges de la succession.

98. S'il y a des créanciers opposans, l'héritier bénéficiaire ne peut payer que dans l'ordre et de la manière réglés par le juge.

S'il n'y a pas de créanciers opposans, il paie les créanciers et les légataires à mesure qu'ils se présentent.

99. Les créanciers non opposans qui ne se présentent qu'après l'apurement du compte et le paiement du reliquat, n'ont de recours à exercer que contre les légataires.

Dans l'un et l'autre cas, le recours se prescrit par le laps de trois ans, à compter du jour de l'apurement du compte et paiement du reliquat.

100. Les frais de scellés, s'il en a été apposé, d'inventaire et de compte, sont à la charge de la succession.

Section 4e. Des Successions Vacantes.

101. Lorsqu'après l'expiration des délais pour faire inventaire et pour délibérer, il ne se présente personne qui réclame une succession, qu'il n'y a pas d'héritier connu, ou que les héritiers connus y ont renoncé, cette succession est réputée vacante.

102. Le tribunal de première instance dans l'arrondissement duquel elle est ouverte, nomme un curateur sur la demande des personnes intéressées, ou sur la réquisition du commissaire du gouvernement.

Chapitre 6. Du Partage.

105. Nul ne peut être contraint à demeurer dans l'indivision; et le partage peut être toujours provoqué, nonobstant prohibitions et conventions contraires.

On peut cependant convenir de suspendre le partage pendant un tems limité: cette convention ne peut être obligatoire au-delà de cinq ans; mais elle peut être renouvelée.

186. Le partage peut être demandé, même quand l'un des cohéritiers aurait joui séparément de partie des biens de la succession, s'il n'y a eu un acte de partage, ou possession suffisante pour acquérir la prescription.

107. L'action en partage, à l'égard des cohéritiers mineurs ou interdits, peut être exercée par leurs tuteurs, spécialement autorisés par un conseil de famille. A l'égard

des cohéritiers absens, l'action appartient aux parens envoyés en possession....

112. L'action en partage, et les contestations qui s'élèvent dans le cours des opérations, sont soumises au tribunal du lieu de l'ouverture de la succession.

C'est devant ce tribunal qu'il est procédé aux licitations, et que doivent être portées les demandes relatives à la garantie des lots entre copartageans, et celles en rescision du partage.

116 Chacun des cohéritiers peut demander sa part en nature des meubles et immeubles de la succession : néanmoins, s'il y a des créanciers saisissans ou opposans ; ou si la majorité des cohéritiers juge la vente nécessaire pour l'acquit des dettes et charges de la succession, les meubles sont vendus publiquement en la forme ordinaire.

117. Si les meubles ne peuvent pas se partager commodément, il doit être procédé à la vente par licitation devant le tribunal.

Cependant les parties, si elles sont toutes majeures, peuvent consentir que la licitation soit faite devant un notaire, sur le choix duquel elles s'accordent.

118. Après que les meubles et immeubles ont été estimés et vendus, s'il y a lieu, le juge commissaire renvoie les parties devant un notaire dont elles conviennent, ou nommé d'office, si les parties ne s'accordent pas sur le choix.

On procède devant cet officier aux comptes que les copartageans peuvent se devoir, à la formation de la masse générale, à la composition des lots, et aux fournissemens à faire à chacun des copartageans.

119. Chaque cohéritier fait rapport à la masse, suivant les règles qui seront ci-après établies, des dons qui lui ont été faits, et des sommes dont il est débiteur.

120. Si le rapport n'est pas fait en nature, les cohéritiers à qui il est dû, prélèvent une portion égale sur la masse de la succession.

Les prélèvemens se font, autant que possible, en objets de même nature, qualité et bonté que les objets non rapportés en nature.

121. Après ces prélèvemens, il est procédé, sur ce qui reste dans la masse, à la composition d'autant de lots égaux, qu'il y a d'héritiers copartageans, ou de souches copartageantes.

122. Dans la formation et composition des lots, on doit éviter, autant que possible, de morceler les héritages, et de diviser les exploitations; et il convient de faire entrer dans chaque lot, s'il se peut, la même quantité de meubles, d'immeubles, de droits ou de créances de même nature et valeur.

123. L'inégalité des lots en nature se compense par un retour, soit en rente, soit en argent.

124. Les lots sont faits par l'un des cohéritiers, s'ils peuvent convenir entr'eux sur le choix, et si celui qu'ils avaient choisi accepte la commission. Dans le cas contraire, les lots sont faits par un expert que le juge commissaire désigne.

Ils sont ensuite tirés au sort.

125. Avant de procéder au tirage des lots, chaque copartageant est admis à proposer ses réclamations contre leur formation.

126. Les règles établies pour la division des masses à partager sont également observées dans la subdivision à faire entre les souches copartageantes.

127. Si, dans les opérations renvoyées devant un notaire, il s'élève des contestations, le notaire dressera procès-verbal des difficultés et des dires respectifs des parties, les renverra devant le commissaire nommé pour le partage, et au-surplus il sera procédé suivant les formes prescrites au code de la procédure civile.

128. Si tous les cohéritiers ne sont pas présens, ou s'il y a parmi eux des interdits ou des mineurs même émancipés, le partage doit être fait en justice . . . . .

129. S'il y a lieu à licitation dans le cas du précédent article, elle ne peut être faite qu'en justice avec les formalités prescrites pour l'aliénation des biens des mineurs. Les étrangers y sont toujours admis.

130. Les partages faits conformément aux règles ci-dessus prescrites, soit par les tuteurs avec l'autorisation d'un conseil de famille, soit par les mineurs émancipés, assistés de leurs curateurs, soit au nom des absens, ou non présens, sont définitifs. Ils ne sont que provisionnels, si les règles prescrites n'ont pas été observées.

Des Rapports.

133. Tout héritier même bénéficiaire, venant à une succession, doit rapporter à ses cohéritiers tout ce qu'il a reçu du défunt par donation entre-vifs, directement ou indirectement ; il ne peut retenir les dons, ni réclamer les legs à lui faits par le défunt, à moins que les dons et legs ne lui aient été faits expressément par préciput et hors part, ou avec dispense du rapport.

134. Dans le cas même où les dons et legs auraient été faits par préciput ou avec dispense de rapport, l'héritier venant à partage ne peut les retenir, que jusqu'à concurrence de la quotité disponible ; l'excédant est sujet à rapport.

135. L'héritier qui renonce à la succession peut cependant retenir le don entre-vifs, ou réclamer le legs à lui fait, jusqu'à concurrence de la portion disponible.

140. Le rapport est dû de ce qui a été employé pour l'établissement d'un des cohéritiers, ou pour le paiement de ses dettes.

142. Les frais de nourriture, d'entretien, d'éducation, d'apprentissage, les frais ordinaires d'équipement, ceux de noces et présens d'usage, ne doivent pas être rapportés.

143. Il en est de même des profits que l'héritier a pu retirer de conventions passées avec le défunt, si ces conventions ne

présentaient aucun avantage indirect lorsqu'elles ont été faites.

144. Pareillement il n'est pas dû de rapport pour les associations faites sans fraude entre le défunt et ses héritiers, lorsque les conditions en ont été réglées par un acte authentique.

145. L'immeuble qui a péri par cas fortuit et sans la faute du donataire n'est pas sujet à rapport.

146. Les fruits et les intérêts des choses sujettes à rapport, ne sont dûs qu'à compter du jour de l'ouverture de la succession.

147. Le rapport n'est dû que par le cohéritier à son cohéritier; il n'est pas dû aux légataires ni aux créanciers de la succession.

148. Le rapport se fait en nature, ou en moins prenant.

149. Il peut être exigé en nature à l'égard des immeubles, toutes les fois que l'immeuble donné n'a pas été aliéné par le donataire, qu'il n'y a pas dans la succession d'immeubles de même nature, valeur et bonté, dont on puisse former des lots à-peu-près égaux pour les autres cohéritiers.

150. Le rapport n'a lieu qu'en moins prenant, quand le donataire a aliéné l'immeuble avant l'ouverture de la succession; il est dû de la valeur de l'immeuble à l'époque de l'ouverture.

158. Le rapport du mobilier ne se fait qu'en moins prenant.

Il se fait sur le pied de la valeur du mobilier lors de la donation, d'après l'état estimatif annexé à l'acte; et, à défaut de cet état, d'après une estimation par experts à juste prix et sans crue.

159. Le rapport de l'argent donné se fait en moins prenant dans le numéraire de la succession. En cas d'insuffisance, le donataire peut se dispenser de rapporter en numéraire, en abandonnant jusqu'à due concurrence du mobilier, et, à défaut du mobilier, des immeubles de la succession.

160. Les cohéritiers contribuent entr'eux au paiement des dettes et charges de la succession, chacun dans la proportion de ce qu'il y prend.

161. Le légataire à titre universel contribue avec les héritiers au *pro-rata* de son émolument, mais le légataire particulier n'est pas tenu des dettes et charges, sauf toutefois l'action hypothécaire sur l'immeuble légué.

163. Les héritiers sont tenus des dettes et charges de la succession, personnellement pour leur part et portion virile, et hypothécairement pour le tout; sauf leur recours soit contre leurs cohéritiers, soit contre les légataires universels, à raison de la part pour laquelle ils doivent y contribuer.

166. En cas d'insolvabilité d'un des cohéritiers ou successeurs à titre universel, sa part dans la dette hypothécaire est répartie sur tous les autres au marc le franc.

173. Chaque cohéritier est censé avoir succédé seul et immédiatement à tous les

effets compris dans son lot, ou à lui échus sur licitation, et n'avoir jamais eu la propriété des autres effets de la succession.

174. Les cohéritiers demeurent respectivement garans, les uns envers les autres, des troubles et évictions seulement qui procèdent d'une cause antérieure au partage.

177. Les partages peuvent être rescindés pour cause de violence et de dol. Il peut aussi y avoir lieu à rescision, lorsqu'un des cohéritiers établit, à son préjudice, une lésion de plus du quart.

La simple omission d'un objet de la succession ne donne pas ouverture à l'action en rescision, mais seulement à un supplément à l'acte de partage.

180. Pour juger s'il y a eu lésion, on estime les objets suivant leur valeur à l'époque du partage.

181. Le défendeur à la demande en rescision peut en arrêter le cours et empêcher un nouveau partage, en offrant et en fournissant au demandeur le supplément de sa portion héréditaire, soit en numéraire soit en nature.

Des Donations entre-vifs et des Testamens.

Titre 2, décrété le 13 floréal an 11.

Art. 183. On ne pourra disposer de ses biens à titre gratuit que par donation entre-vifs ou par testament dans les formes ci-après établies.

184. La donation entre-vifs est un acte

par lequel le donateur se dépouille actuellement et irrévocablement de la chose donnée, en faveur du donataire qui l'accepte.

185. Le testament est un acte par lequel le testateur dispose, pour le tems où il n'existera plus, de tout ou partie de ses biens, et qu'il peut révoquer.

186. Les subtitutions sont prohibées. . . (Loi du 15 novembre 1792.)

190. Dans toute disposition entre-vifs ou testamentaire, les conditions impossibles, celles qui seront contraires aux lois ou aux mœurs, seront réputées non écrites.

191. Pour faire une donation entre-vifs ou un testament, il faut être sain d'esprit.

192. Toutes personnes peuvent disposer et recevoir, soit par donation entre-vifs, soit par testament, excepté celles que la loi en déclare incapables.

193. Le mineur, âgé de moins de seize ans, ne pourra aucunement disposer. . .

194. Le mineur parvenu à l'âge de seize ans, ne pourra disposer que par testament, et jusqu'à concurrence seulement de la moitié des biens dont la loi permet au majeur de disposer.

195. La femme mariée ne pourra donner entre-vifs, sans l'assistance ou le consentement spécial de son mari, ou sans y être autorisée par la justice. . .

Elle n'aura besoin ni de consentement du mari, ni d'autorisation de la justice, pour disposer par testament.

197. Le mineur, quoique parvenu à l'âge

de 16 ans, ne pourra, même par testament, disposer au profit de son tuteur.

Le mineur devenu majeur ne pourra disposer, soit par donation entre-vifs, soit par testament, au profit de celui qui aura été son tuteur, si le compte définitif de la tutelle n'a été préalablement rendu et apuré.

Sont exceptés, dans les deux cas ci-dessus, les ascendans des mineurs qui sont ou qui ont été leurs tuteurs.

198. Les enfans naturels ne pourront, par donation entre-vifs ou par testament, rien recevoir au-delà de ce qui leur est accordé au titre des successions.

De la Portion de biens disponible.

203. Les libéralités, soit par acte entre-vifs, soit par testament, ne pourront excéder la moitié des biens du disposant, s'il ne laisse à son décès qu'un enfant légitime; le tiers, s'il laisse deux enfans; le quart, s'il en laisse trois ou un plus grand nombre.

204. Sont compris dans l'article précédent, sous le nom d'enfans, les descendans en quelque degré que ce soit; néanmoins, ils ne sont comptés que pour l'enfant qu'ils représentent dans la succession du disposant.

205. Les libéralités par actes entre-vifs ou par testament ne pourront excéder la moitié des biens, si, à défaut d'enfant, le défunt laisse un ou plusieurs ascendans dans chacune des lignes paternelle et maternelle; et les trois quarts, s'il ne laisse d'ascendant que dans une ligne.

Les biens ainsi réservés au profit des ascendans seront par eux recueillis dans l'ordre où la loi les appelle à succéder : ils auront seuls droit à cette réserve, dans tous les cas où un partage en concurrence avec des collatéreux ne leur donnerait pas la quotité de biens à laquelle elle est fixée.

206. A défaut d'ascendans, et de descendans, les libéralités, par actes entre-vifs ou testamentaires, pourront épuiser la totalité des biens.

207. Si la disposition par acte entre-vifs ou par testament est d'un usufruit ou d'une rente viagère dont la valeur excède la quotité disponible, les héritiers, au profit desquels la loi fait une réserve, auront l'option ou d'exécuter cette disposition, ou de faire l'abandon de la propriété de la quotité disponible.

208. La valeur en pleine propriété des biens aliénés, soit à charge de rente viagère, soit à fonds perdu, ou avec réserve d'usufruit à l'un des successibles en ligne directe, sera imputée sur la portion disponible, et l'excédant, s'il y en a, sera rapporté à la masse. Cette imputation et ce rapport ne pourront être demandés par ceux des autres successibles en ligne directe qui auraient consenti à ces aliénations, ni, dans aucun cas, par les successibles en ligne collatérale.

209. La quotité disponible pourra être donnée en tout ou en partie, soit par acte entre-vifs, soit par testament, aux enfans ou autres successibles du donateur, sans-

être sujettes au rapport par le donataire ou légataire venant à la succession, pourvu que la disposition ait été faite expressément à titre de préciput ou hors part.

La déclaration que le don ou le legs est à titre de préciput ou hors part, pourra être faite, soit par l'acte qui contiendra la disposition soit postérieurement, dans la forme des dispositions entre-vifs ou testamentaires.

De la Réduction des donations et legs.

210. Les dispositions, soit entre-vifs, soit à cause de mort, qui excéderont la quotité disponible, seront réductibles à cette quotité lors de l'ouverture de la succession.

211. La réduction des dispositions entre-vifs ne pourra être demandée que par ceux au profit desquels la loi fait la réserve, par leurs héritiers ou ayant cause: les donataires, les légataires ni les créanciers du défunt ne pourront demander cette réduction ni en profiter.

212. La réduction se détermine en formant une masse de tous les biens existans au décès du donateur ou testateur: on y réunit fictivement ceux dont il a été disposé par donations entre-vifs, d'après leur état à l'époque des donations, et leur valeur au tems du décès du donateur; on calcule sur tous ces biens, après en avoir déduit les dettes, quelle est, eu égard à la qualité des héritiers qu'il laisse la quotité dont il a pu disposer.

213. Il n'y aura jamais lieu à réduire les

donations entre-vifs qu'après avoir épuisé la valeur de tous les biens compris dans les dispositions testamentaires; et lorsqu'il y aura lieu à cette réduction, elle se fera en commençant par la dernière donation, et ainsi de suite en remontant des dernières aux plus anciennes.

214. Si la donation entre-vifs réductible a été faite à l'un des successibles, il pourra retenir sur les biens donnés la valeur de la portion qui lui appartiendrait, comme héritier, dans les biens non disponibles, s'ils sont de la même nature.

215. Lorsque la valeur des donations entre-vifs excédera ou égalera la quotité disponible, les dispositions testamentaires seront caduques.

216. Lorsque les dispositions testamentaires excéderont soit la quotité disponible, soit la portion de cette quotité qui resterait après avoir réduit la valeur des donations entre-vifs, la réduction sera faite au marc le franc sans aucune distinction entre les legs universels et les legs particuliers.

217. Néanmoins, dans tous les cas où le testateur aura expressément déclaré qu'il entend que tel legs soit acquitté de préférence aux autres, cette préférence aura lieu, et le legs qui en sera l'objet ne sera réduit qu'autant que la valeur des autres ne remplirait pas la réserve légale.

218. Le donataire restituera les fruits de ce qui excédera la portion disponible, à compter du jour du décès du donateur, si

la demande en réduction a été faite dans l'année ; sinon, du jour de la demande.

219. Les immeubles à recouvrer par l'effet de la réduction, le seront sans charge de dettes ou hypothèques crées] par le donataire.

220. L'action en réduction ou revendication pourra être exercée par les héritiers contre les tiers détenteurs des immeubles faisant partie des donations, et aliénés par les donataires de la même manière et dans le même ordre que contre les donataires eux-mêmes, et discussion préalablement faite de leurs biens. Cette action devra être exercée suivant l'ordre de dates des aliénations, en commençant par la plus récente.

243. La donation entre-vifs ne pourra être révoquée que pour cause d'inexécution des conditions sous lesquelles elle aura été faite, pour cause d'ingratitude, et pour cause de survenance d'enfans.

244. Dans le cas de la révocation pour cause d'inexécution des conditions, les biens rentreront dans les mains du donateur, libres de toutes charges et hypothèques du chef du donataire; et le donateur aura, contre les tiers détenteurs des immeubles donnés, tous les droits qu'il aurait contre le donataire lui même. . . .

250. Toutes donations entre-vifs, faites par personnes qui n'avaient point d'enfans ou de descendans actuellement vivans dans le temps de la donation, de quelque valeur que ces donations puissent être, et à quel-

que titre qu'elles aient été faites, et encore qu'elles fussent mutuelles ou rémunératoires, même celles qui auraient été faites en faveur de mariage, par autres que par les ascendans aux conjoints, ou par les conjoints l'un à l'autre, demeureront révoquées de plein droit par la survenance d'un enfant légitime du donateur, même d'un posthume, ou par la légitimation d'un enfant naturel par mariage subséquent, s'il est né depuis la donation.

251. Cette révocation aura lieu, encore que l'enfant du donateur ou de la donatrice fût conçu au temps de la donation.

252. La donation demeurera pareillement révoquée, lors même que le donataire serait entré en possession des biens donnés, et qu'il y aurait été laissé par le donateur depuis la survenance de l'enfant, sans néanmoins que le donataire soit tenu de restituer les fruits par lui perçus, de quelque nature qu'ils soient, si ce n'est du jour que la naissance de l'enfant ou sa légitimation par mariage subséquent lui aura été notifiée par exploit ou autre acte en bonne forme, et ce, quand même la demande pour rentrer dans les biens donnés, n'aurait été formée que postérieurement à cette notification.

253. Les biens compris dans la donation révoquée de plein droit rentreront dans le patrimoine du donateur, libres de toutes charges et hypothèques du chef du donataire, sans qu'ils puissent demeurer affectés, même subsidiairement, à la restitution de la dot de

de la femme de ce donataire, de ses reprises ou autres conventions matrimoniales; ce qui aura lieu quand même la donation aurait été faite en faveur du mariage du donataire et insérée dans le contrat, et que le donateur se serait obligé comme caution par la donation, à l'exécution du contrat de mariage.

254. Les donations ainsi révoquées ne pourront revivre ou avoir de nouveau leur effet, ni par la mort de l'enfant du donateur ni par aucun acte confirmatif; et si le donateur veut donner les mêmes biens au même donataire, soit avant ou après la mort de l'enfant par la naissance duquel la donation avait été révoquée, il ne le pourra faire que par une nouvelle disposition.

255. Toute clause ou convention par laquelle le donateur aurait renoncé à la révocation de la donation pour survenance d'enfant, sera regardée comme nulle, et ne pourra produire aucun effet.

256. Le donataire, ses héritiers ou ayant-cause, ou autres détenteurs des choses données, ne pourront opposer la prescription pour faire valoir la donation révoquée par la survenance d'enfant, qu'après une possession de trente années, qui ne pourront commencer à courir que du jour de la naissance du dernier enfant du donateur même posthume, et ce, sans préjudice des interruptions telles que de droit.

257. Toute personne pourra disposer par testament, soit sous le titre d'institution

d'héritier, soit sous le titre de legs, soit sou toute autre dénomination. . .

291. Les dispositions testamentaires sont ou universelles, ou à titre universel, ou à titre particulier . . .

292. Le legs universel est la disposition testamentaire par laquelle le testateur donne à une ou plusieurs personnes l'universalité des biens qu'il laissera à son décès.

293. Lorsqu'au décès du testateur, il y a des héritiers auxquels une quotité de ses biens est réservée par la loi, ces héritiers sont saisis de plein droit par sa mort, de tout les biens de la succession, et le légataire universel est tenu de leur demander la délivrance des biens compris dans le testament.

294. Néanmoins, dans les mêmes cas, le légataire universel aura la jouissance des biens compris dans le testament, à compter du jour du décès, si la demande en délivrance a été faite dans l'année depuis cette époque; sinon cette jouissance ne commencera que du jour de la demande formée en justice, ou du jour que la délivrance aurait été volontairement consentie.

295. Lorsqu'au décès du testateur, il n'y aura pas d'héritiers auxquels une quotité de ses biens soit réservée par la loi, le légataire universel sera saisi de plein droit par la mort, sans être tenu de demander la délivrance.

298. Le légataire universel qui sera en concours avec un héritier, auquel la loi réserve une quotité des biens, sera tenu des

dettes et charges de la succession du testateur, personnellement pour sa part et portion et hypothécairement pour le tout, et il sera tenu d'acquitter tous les legs, sauf le cas de réduction, ainsi qu'il est expliqué aux art. 216 et 217.

299. Le legs à titre universel est celui par lequel le testateur lègue une quote-part des biens dont la loi lui permet de disposer, telle qu'une moitié, un tiers, ou tous ses immeubles, ou tout son mobilier, ou une quotité fixe de tous ses immeubles ou de tout son mobilier.

Tout autre legs ne forme qu'une dispostion à titre particulier.

300. Les légataires à titre universel seront tenus de demander la délivrance aux héritiers auxquels une quotité des biens est réservée par la loi; à leur défaut, aux légataires universels, et, à défaut de ceux-ci, aux héritiers appelés dans l'ordre établi au titre des successions.

301. Le légataire à titre universel sera tenu, comme le légataire universel, des dettes et charges de la succession du testateur, personnellement pour sa part et portion, et hypothécairement pour le tout.

302. Lorsque le testateur n'aura disposé que d'une quotité de la portion disponible, et qu'il l'aura fait à titre universel, ce légataire sera tenu d'acquitter les legs particuliers par contribution avec les héritiers naturels.

303. Tout legs pur et simple donnera au légataire, du jour du décès du testateur, un droit

à la chose léguée, droit transmissible à ses héritiers ou ayant-cause.

Néanmoins le légataire particulier ne pourra se mettre en possession de la chose léguée, ni en prétendre les fruits ou intérêts, qu'à compter du jour de sa demande en délivrance, formée suivant l'ordre établi par l'art. 300, ou du jour auquel cette délivrance lui aurait été volontairement consentie.

305. Les frais de la demande en délivrance seront à la charge de la succession, sans néanmoins qu'il puisse en résulter de réduction de la réserve légale.

Les droits d'enregistrement seront dûs par le légataire.

Le tout s'il n'en a été autrement ordonné par le testament.

Chaque legs pourra être enregistré séparément, sans que cet enregistrement puisse profiter à aucun autre qu'au légataire ou à ses ayant-cause.

306. Les héritiers du testateur ou autres débiteurs d'un legs, seront personnellement tenus de l'acquitter, chacun au prorata de la part et portion, dont ils profiteront dans la succession.

Ils en seront tenus hypothécairement pour le tout jusqu'à concurrence de la valeur des immeubles de la succession dont ils seront détenteurs.

312. Le legs fait au créancier ne sera pas censé en compensation de sa créance, ni le legs fait au domestique en compensation de ses gages,

313. Le légataire à titre particulier ne sera pas tenu des dettes de la succession, sauf la réduction du legs.. Et sauf l'action hypothécaire des créanciers.

314. Le testateur pourra nommer un ou plusieurs exécuteurs testamentaires.

315. Il pourra leur donner la saisine du tout ou seulement d'une partie de son mobilier, mais elle ne pourra durer au-delà de l'an et jour, à compter de son décès.

S'il ne la leur a pas donnée, ils ne pourront l'exiger.

316. L'héritier pourra faire cesser la saisine en offrant de remettre aux exécuteurs testamentaires sommes suffisantes pour le payement des legs mobiliers, ou en justifiant de ce payement.

320. Les exécuteurs testamentaires feront apposer les scellés, s'il y a des héritiers mineurs, interdits ou absens.

Ils feront faire en présence de l'héritier présomptif, ou lui dûment appelé, l'inventaire des biens de la succession.

Ils provoqueront la vente du mobilier à défaut de deniers suffisans pour acquitter les legs.

Ils veilleront à ce que le testament soit exécuté, et ils pourront, en cas de contestation sur son exécution, intervenir pour en soutenir la validité.

Ils devront, à l'expiration de l'année du décès du testateur, rendre compte de leur gestion.

321. Les pouvoirs de l'exécuteur testa-

mentaire ne passeront point à ses héritiers.

323. Les frais faits par l'exécuteur testamentaire pour l'apposition de scellés, l'inventaire, le compte et les autres frais relatifs à ses fonctions, seront à la charge de la succession.

324. Les testamens ne pourront être révoqués en tout ou en partie, que par un testament postérieur, ou par un acte devant notaires, portant changement de volonté.

364. Les père et mère et autres ascendans, pourront faire, entre leurs enfans et descendans, la distribution et le partage de leurs biens.

365. Ces partages pourront être faits par actes entre-vifs ou testamentaires.

366. Si tous les biens que l'ascendant laissera au jour de son décès n'ont pas été compris dans le partage, ceux de ces biens qui n'y auront pas été compris seront partagés conformément à la loi.

367. Si le partage n'est pas fait entre tous les enfans qui existeront à l'époque du décès, et les descendans de ceux prédécédés, le partage sera nul pour le tout. Il en pourra être provoqué un nouveau dans la forme légale, soit par les enfans ou descendans qui n'y auront reçu aucune part, soit même par ceux entre qui le partage aurait été fait.

368. Le partage fait par l'ascendant pourra être attaqué pour cause de lésion de plus du quart; il pourra l'être aussi dans le cas où il résulterait du partage et des dispositions faites par préciput, que l'un des co-partagés au-

rait un avantage plus grand que la loi ne le permet.

369. L'enfant qui, pour une des causes exprimées en l'article précédent, attaquera le partage fait par l'ascendant, devra faire l'avance des frais d'estimation ; et il les supportera en définitif, ainsi que les dépens de la contestation, si la réclamation n'est pas fondée.

Loi du 14 floréal an 11, relative à l'état et au droits des enfans nés hors mariage, dont les père et mère sont morts depuis la promulgation de la loi du 12 brumaire an 2, jusqu'au Code civil.

ARTICLE 1.er L'état et les droits des enfans nés hors du mariage dont les père et mère sont morts depuis la promulgation de la loi du 12 brumaire an 2, jusqu'à la promulgation des titres du Code civil sur la *paternité et la filiation*, et sur les *successions*, seront réglés de la manière prescrite par ces titres.

ARTICLE 2. Néanmoins les dispositions entre-vifs ou testamentaires, antérieures à la promulgation des mêmes titres du code civil, et dans lesquelles on aurait fixé les droits de ces enfans naturels, seront exécutées sauf la réduction à la quotité disponible aux termes du Code civil, et sauf aussi un supplément, conformément à l'article 51 de l loi *sur les successions*, dans le cas où la portion donnée ou léguée serait inférieure à la moitié de ce qui devrait revenir à l'enfant naturel, suivant la même loi.

Art. 3. Les conventions et les jugemens passés en force de chose jugée, par lesquels l'état et les droits desdits enfans naturels auraient été réglés, seront exécutés selon leur forme et teneur.

Fin des Lois.

FORMULES

D'ACTES DE RECONNAISSANCE

DES ENFANS NATURELS.

Nota. Ces formules sont calquées sur les modèles d'actes d'état civil annexés à l'arrêté du gouvernement du 19 floréal an 8 et transcrits au bulletin des lois numeroté 28.

Elles sont conformes aux lois qui fixent l'état civil des enfans naturels, notamment aux articles 55, 56, 57, 62, 325, 328 et 331 du livre 1er. du Code civil.

La reconnaissance doit être faite par des majeurs. Elle n'a lieu qu'en faveur des enfans naturels qui ont pu ou qui peuvent être légitimés par le mariage de leurs père et mère. Elle est prohibée à l'égard des enfans adultérins et incestueux, par les art. 325, 329 et 336 du même liv. 1 du Code civil.

I. *Modèle de reconnaissance par l'acte de naissance de l'enfant naturel.*

» Mairie de Arrondissement communal de
» Département de
» Du jour du mois de l'an de la
» République française, heure de du

Acte de naissance de Paul-Antoine né le...
» à heures du matin, *ou* du soir, en
» cette commune, rue de maison
» numérotée fils naturel de Pierre A
» et d'Antoinette B non mariés.
» sur la déclaration faite par ledit Pierre A
» (indiquer sa qualité et sa demeure) et par
» ladite Antoinette B, représentée par N
» fondé de sa procuration spéciale passée en
» minute *ou* brevet, devant N et son con-
» frère notaires à dûment légalisée, de-
» posée à l'instant aux archives de l'état civil
» de cette mairie.

» Le sexe de l'enfant a été reconnu être masculin, *ou* féminin.

» Premier témoin second témoin
» Et ont signé.

» Constaté, suivant la loi, par moi maire
» de faisant les fonctions d'officier public
» de l'état civil. Lecture faite, les compa-
» rans ont signé ».

Nota. Si la reconnaissance est faite par le père naturel seul, il pourra se dispenser de nommer la mère.

Et si elle est faite par la mère seule, elle pourra aussi se dispenser de nommer le père.

II. *Modèle de Reconnaissance postérieure à l'acte de naissance.*

» Mairie de Arrondissement commu-
» nal de Département de

» Du jour du mois de l'an de la Re-
» publique française, heure de du

» Devant moi N. maire de la municipalité
» de

» sont comparus volontairement Pierre A et » Antoinette B (indiquer leurs qualités et demeures).

» Lesquels ont reconnu et déclaré qu'ils » sont père et mère naturels de Paul-Antoine » né d'eux hors mariage le lequel dans l'acte » de naissance, inscrit aux registres de l'état » civil de la commune de à la date du » est désigné comme né de père et mère in» connus, *ou* comme né de N et de N ma» riés *ou* non mariés.

» La présente Reconnaissance est faite par » les comparans, pour fixer l'état civil dudit » Paul-Antoine, et pour l'habiliter à jouir des » droits attribués par la loi aux enfans natu» rels reconnus.

» Premier témoin N second témoin N.

» De laquelle Reconnaissance moi maire » susdit ai donné acte aux comparans, qui » l'ont requis.

» Et après lecture faite, les comparans et les » témoins ont signé avec moi ».

S'il y a eu une reconnaissance antérieure au Code civil, on ajoutera avant l'indication des témoins : « Les comparans persistent dans » une pareille reconnaissance par eux faite » en faveur dudit Paul-Antoine par acte ins» crit aux registres de l'état civil de la com» mune de à la date du *ou* par acte » passé en minute devant N et son confrère » notaires à *ou* en présence de témoins, le » dont expédition est demeurée annexée au » présent acte ».

Nota. La reconnaissance pourra être faite

par le père naturel sans le concours de mère naturelle, ou par celle-ci, sans le concours du père : en ce cas on pourra se dispenser d'y désigner celui des deux qui n'y paraîtra pas.

La Reconnaissance sera faite en la mairie du domicile actuel de l'enfant naturel.

La reconnaissance devant, d'après les art. 62 et 328 du liv. I du Code civil, être faite par acte authentique et être *inscrit à sa date* sur les registres de l'état civil, se trouve être de la compétence de l'officier de l'état civil, d'autant plus qu'elle est un supplément à l'acte de naissance formant l'état civil de l'enfant naturel. Si on la faisait devant notaire, il faudrait la faire inscrire à sa date sur les registres de l'état civil.

III. Modèle de reconnaissance par l'acte de mariage des père et mère de l'enfant naturel.

« Mairie de Arrondissement de Département de du.....

« Acte de mariage de Pierre A et » d'Antoinette B

« Les actes préliminaires sont

« Les époux présens ont reconnu et déclaré qu'ils sont père et mère naturels de » Paul-Antoine, né d'eux hors mariage, le » dont l'acte de naissance est ins- » crit sur les registres de l'état civil de la » commune de à la date du » et le désigne comme né de père et mère inconnus, *ou* de

» Ensuite a été fait lecture aux époux par le maire soussigné, des dispositions

» du chapitre 6 de la loi du 26 ventôse an
» 11, concernant les droits et les devoirs
» respectifs des époux, et faisant partie du
» titre 5 du livre 1.er du Code civil.

« Aussi-tôt, les époux ont déclaré prendre
» en mariage, l'un Antoinette B ; l'autre
» Pierre A.

« En présence de (quatre témoins)

« Après quoi moi, N maire de
» faisant les fonctions d'officier public
» de l'état civil, ai prononcé qu'au nom
» de la loi, lesdits époux sont unis en ma-
» riage. Après lecture faite les comparans
» et les témoins ont signé avec moi.

IV. *Modèle de requête en mention et rectification.*

« Aux citoyens Président et juges du tri-
» bunal de 1re. instance du arrondis-
» sement du département de
» séant à

« Paul-Antoine (ses qualité et demeure)

« Requiert qu'il plaise au tribunal, vu :
» 1.° l'acte de naissance dudit Paul-Antoine,
» inscrit sur les registres de naissance de
» la commune de à la date du
» qui le désigne comme né de père
» et mère inconnus *ou* de et de
» mariés *ou* non mariés ; 2.° l'acte
» inscrit aux registres de l'état civil de la com-
» mune de le par lequel
» Pierre A et Antoinette B ont
» reconnu et déclaré être les père et mère
» naturels dudit Paul-Antoine, 3.° l'acte de

» notoriété (et les autres pièces à l'appui de la demande).

« Attendu que lesdits actes de naissance » et de reconnaissance déterminent l'état » civil dudit Paul-Antoine ; que, pour qu'il » puisse jouir de ses droits civils, il est né- » cessaire de faire concorder ces deux actes ; » qu'à cet effet l'acte de reconnaissance doit » être relaté en marge de l'acte de naissance, » et les erreurs glissées dans ce dernier acte » doivent disparaître.

« Ordonner 1.° que ledit acte de recon- » naissance, en date du sera » mentionné en marge dudit acte de nais- » sance en date du 2.° que la dé- » signation faite dans ledit acte de naissance » de *tel* et *telle* pour père et mère dudit » Paul-Antoine, sera rayée comme erronée, » les véritables père et mère naturels étant » ceux qui ont souscrit ledit acte de recon- » naissance ; 3.° et que lesdites mention et » radiation seront faites, en vertu du juge- » ment à intervenir, par les fonctionnaires » publics dépositaires des registres doubles » sur lesquels ledit acte de naissance est » inscrit ».

Nota. Cette requête sera présentée au tribunal d'arrondissement du lieu de la naissance.

Si l'enfant naturel est mineur, il fera paraître son tuteur ou son curateur.

La requête sera communiquée au commissaire du gouvernement.

Les parties intéressées seront appelées s'il lieu.

Si l'on entend des témoins, on ne devra pas produire ceux qui ont paru à l'acte de naissance, parce qu'ils sont liés par leur témoignage.

Le jugement à intervenir pourra être conforme à la requête. Il sera susceptible d'être attaqué par ceux qui s'y croiront lésés.

TABLE ALPHABÉTIQUE

Des Matières du Traité et des Lois sur l'état et les Droits des Enfans naturels.

A.

B.

C.

D.

F.

N.

P.

R.

S.

T.

M

FIN.

FAUTES A CORRIGER.

Page 26, ligne 7, *après* enfans, *lisez :* naturels.

id. lig. 23, *après* possession, *lisez* seule.

Page 27, lig. 17, *au lieu* d'un, *lisez* des.

P. 29. lig. 15, *au lieu de* mis, *lisez* unis.

P. 30, après la 9.e ligne, *ajoutez :* mais quand les deux conjoints ont contracté l'un et l'autre de mauvaise foi, alors le mariage est nul, et n'a pu produire d'effets civils : les conjoints sont réputés concubins et les enfans non légitimes.

Page 31, lig. 18, *au lieu de* peut, *lisez :* put.

P. 42, lig. 21, *au lieu* d'enfre, *lisez :* contre.

P. 46, lig. 5, *au lieu de* ce titre, *lisez :* ces lettres.

P. id. dernière lig, *au lieu de* l'édition, *lisez :* l'émission.

P. 49, lig. 7, *après* par *supprimez* un.

P. id. lig. 22, *supprimez* propre fait, *et lisez :* aveu.

P. 51, lig. 10, supprimez les parenthèses.

P. 52, lig. 12, *au lieu de* bonheur, *lisez :* honneur.

P. 58, lig. 11, *au lieu de* pères, *lisez :* père.

P. 59, lig. dernière, *au lieu de* liv. 2, *lisez :* liv. 3.

P. 64, lig. 3, *au lieu de* des, *lisez :* ces.

P. 68, lig. 2, supprimez les parenthèses.

P. 70, lig. 13, *au lieu de* sans, *lisez :* sauf.

P. 71, lig. 4, *après* légitimes, *ajoutez :* pour héritiers, elle est des deux tiers lorsqu'il y a deux enfans légitimes.

P. 77, lig. 23, *au lieu de* 193, *lisez :* 198.

P. 78, lig. 24, *au lieu de* sans, *lisez :* sous.

P. 79, lig. 9, après 3, *ajoutez* article.

P. id. lig. 12 et 13, *supprimez ces mots :* sans l'astreindre à demander la délivrance, *substituez-y ceux-ci :* dont il doit se faire envoyer en possession.

P. 80, lig. 2 et 3, *supprimez :* ne l'est point, *et lisez* l'est simplement.

P. 83, lig. 3, *au lieu de* 144, *lisez :* 147.

P. id. lig. 19, après le mot moins, *aj.* prenant.

P. 89, lig. 15, *supp.* de, *et lisez :* dans.

P. 90, lig. 15, *au lieu de* de voir, *lisez :* d'avoir.

P. 91, lig. 12, *au lieu de* 260, *lisez :* 160.

P. 98. lig. 1, *au lieu d'*éludera *lisez* éteindra.

P. 108, lig. 24, *au lieu de* 36, *lisez :* 336.

P. 145, lig. 5, *au lieu de* septembre, *lisez :* décembre.

P. 157, après la 23e *ajoutez :* un acte de naissance antérieur à la loi du 12 ·br. an 2, dans lequel le père aurait paru, n'a pu produire isolément d'autre effet, que celui que l'on attachait alors à ce genre de reconnaissance, c'est-à-dire d'assurer des alimens à l'enfant naturel.

Un jugement de paternité passé en force de chose jugée antérieurement à la même loi, doit être circonscrit dans ses dispositions qui obligent simplement le prétendu père à substanter l'enfant naturel.

Les contestations nées antérieurement à la

même loi, sur des recherches de paternité, sont anéanties par le changement de législation.

Page 160, lig. 18, *après* pas, *lisez* cru.

P. 164, lig. 18, *aj.* par les lois précitées et.

Après la page 168, *ajoutez* bis au f.° des 24 pages suivantes.

P. 145 bis, lig. 8, *au lieu de* frais, *lisez:* fruits.

P. 153 bis, lig. 10, *supprimez* à; et lig. 21, *au lieu de* la loi du 13, *lisez:* du 3.

P. 180, lig. 21, *au lieu de* grevés, *lisez:* graves.

P. 182, lig. dernière, *après* mineur, *lisez:* émancipé passera les.

P. 202, lig. 22, *au lieu de* 186, *lisez* 106.

P. 203, lig. 20, *au lieu de* meubles, *lisez* immeubles.

P. 208, lig. 7, *au lieu de* d'en, *lisez* du.

Ouvrages qui se trouvent chez le même Libraire.

CODE CIVIL, contenant la série des lois qui le composent, avec leurs motifs, les rapports faits au tribunat, et les discours prononcés au corps législatif; suivi d'une table raisonnée des matières; par M. Dumont, directeur de l'envoi des lois; 2 vol. in-8°. 5 fr. 50 centimes, et franc de port 7 fr.

Le même, contenant le texte seul de chaque loi, collationné sur le bulltin des lois, suivi d'une table raisonnée des matières, format in-32, un fr. et franc de port 1 fr. 25 centimes.

Le même, édition *stéréotype* très-soignée.

CODE des successions, donations, testamens, partages et restitutions, contenant le texte des lois, leurs motifs, les rapports et les discours auxquels elles ont donné lieu et les lois transitoires; suivi de notes et d'observations établissant la concordance et la différence entre les lois anciennes et les nouvelles, par J. M. D***, ancien jurisconsulte; avec une table analytique et raisonnée des matières, 2 vol. in-12, gros caractères, 4 fr. et franc de port 5 fr. 25 centimes.

Le même, 2 parties en 1 vol. in-8°. 3 fr. et franc de port 4 fr.

JURISPRUDENCE du tribunal de cassation, ou précis des jugemens de rejet et de cassation sur les points importans du droit et de la procédure; indiquant les moyens d'ouverture et la défense des parties, les conclusions du commissaire et la décision du tribunal : publié chaque mois, en un cahier de 32 pages in-4°.

Prix de l'abonnement 15 francs franc de port pour l'année, ou 21 francs avec un supplément de 16 pages par chaque cahier, lequel renferme les divisions diverses du tribunal.

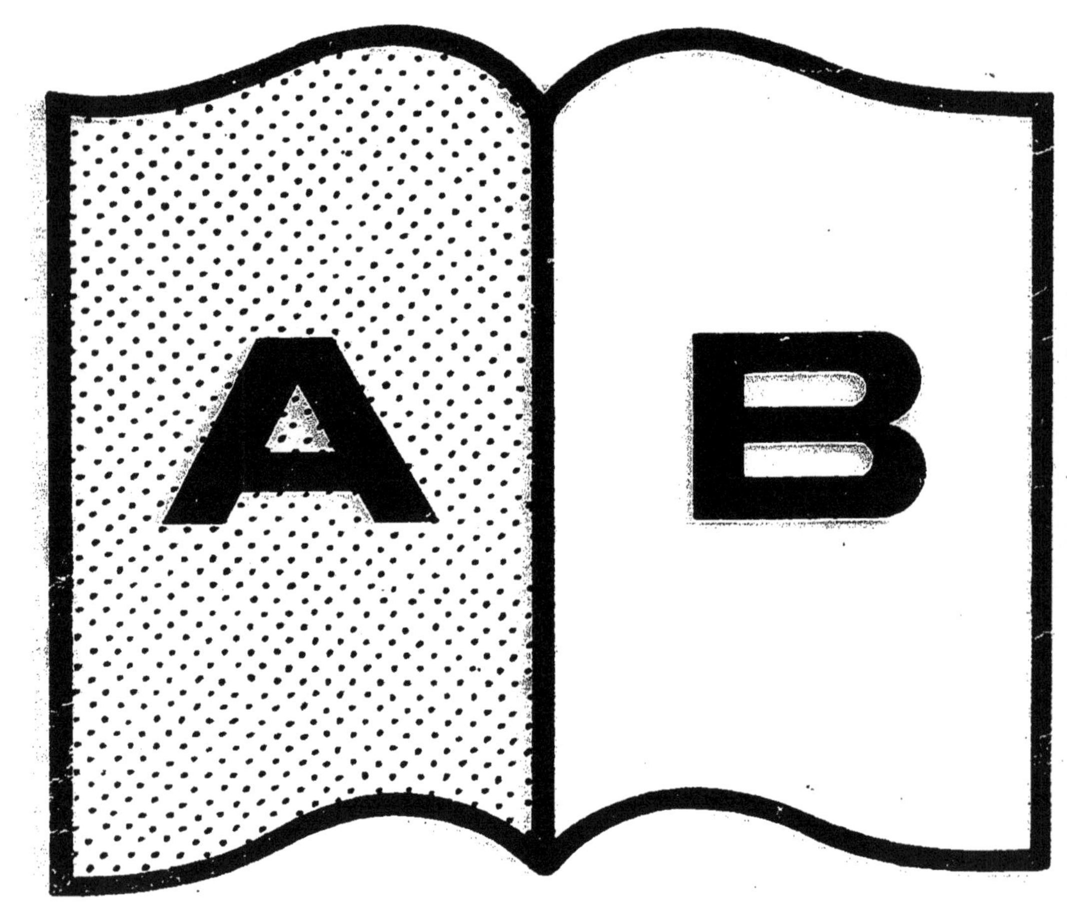

Contraste insuffisant

NF Z 43-120-14

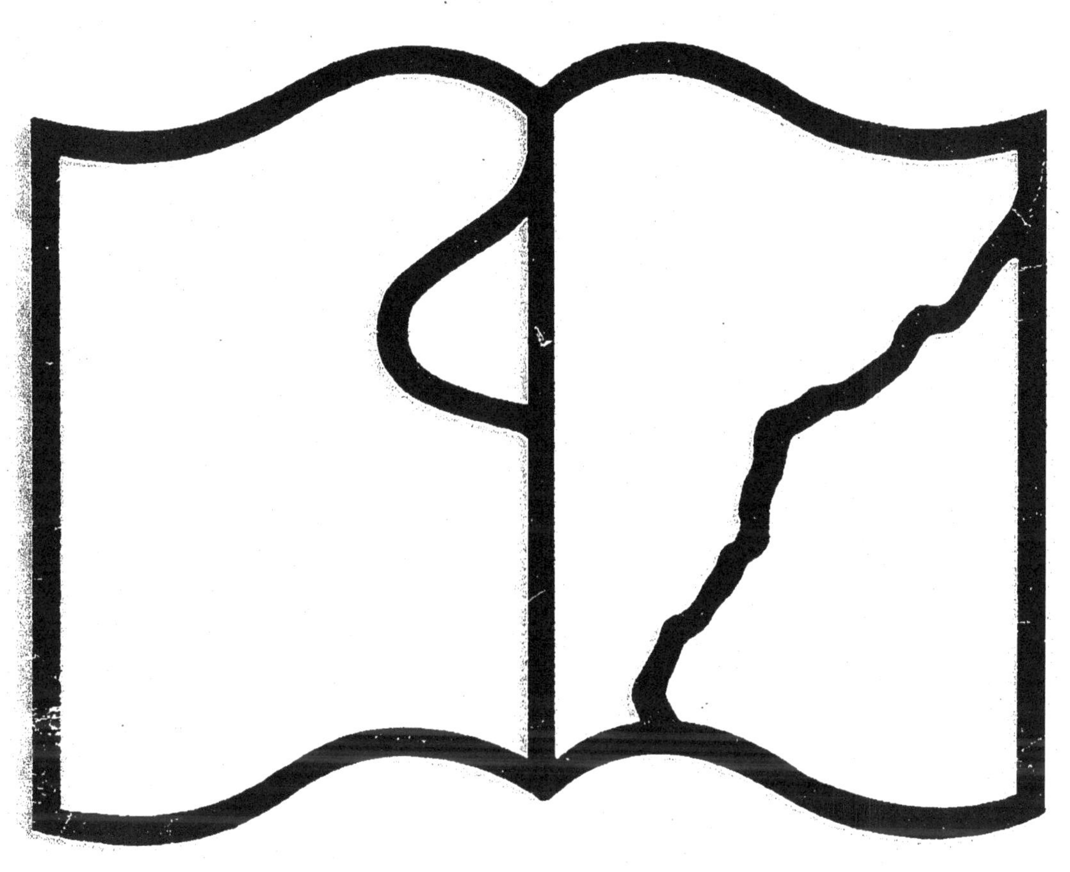

Texte détérioré — reliure défectueuse

NF Z 43-120-11

www.ingramcontent.com/pod-product-compliance
Ingram Content Group UK Ltd.
Pitfield, Milton Keynes, MK11 3LW, UK
UKHW020556230726
13926UKWH00005B/2046